FREUD WIDER GOTT

»… die Stimme des Intellekts ist leise,
aber sie ruht nicht, ehe sie sich Gehör geschafft hat.«
Sigmund Freud (1927)

CHRISTFRIED TÖGEL

Freud wider Gott

oder

Die Stimme des Intellekts ist leise …

TURIA + KANT

WIEN–BERLIN

Meinem verstorbenen Freund Manfred Wuketits gewidmet.

Bibliografische Information der Deutschen Nationalbibliothek

Die Deutsche Bibliothek verzeichnet diese Publikation in der Deutschen Nationalbibliografie; detaillierte bibliografische Daten sind im Internet über http://dnb.ddb.de abrufbar.

Bibliographic Information published by
Die Deutsche Nationalbibliothek

The Deutsche Bibliothek lists this publication in the Deutsche Nationalbibliografie; detailed bibliographic data are available on the Internet at http://dnb.ddb.de.

ISBN 978-3-98514-114-2

Cover: Bettina Kubanek, Visuelle Gestaltung, Berlin

VERLAG TURIA + KANT

A-1020 Wien, Leopoldsgasse 14
Büro Berlin: D-10827 Berlin, Crellestraße 14
info@turia.at | www.turia.at

Inhalt

VORBEMERKUNG 9

PROLOG: »... GLÄUBIGE VON DER UNIVERSITÄT AUSSCHLIESSEN« 11

1. ZUR GENESE VON FREUDS RELIGIONSKRITISCHER EINSTELLUNG 15

1.1. Herkunft und Kindheit 15

1.1.1. »... vom lieben Gott und von der Hölle erzählt« 15

1.1.2. »Jud, herunter vom Trottoir« 17

1.2. Gymnasial- und Studienjahre 19

1.2.1. Alfred Brehms Illustrirte Naturgeschichte des Thierreiches 19

1.2.2. Ludwig Börne 21

1.2.3. Der »Leseverein der deutschen Studenten in Wien« 26

1.2.4. Die Abstammung des Menschen und das »luftige Dasein Gottes« 31

1.2.5. »Eine ganz besondere religiöse Wirkung auf die Unterleibsorgane« 39

1.3. Verlobungszeit und Hochzeit 42
1.3.1. Herkunft und Familie der Braut 42
1.3.2. »Ich wurde von Anfang an ohne Religion erzogen«: John Stuart Mills Autobiographie 46
1.3.3. Die Beerdigung von Nathan Weiss 51
1.3.4. »Nach der Fleischspeise Käse«: Sabotage jüdischer Feiertage und Verletzung der koscheren Essensregeln 53
1.4. Erste Ehejahre 56
1.4.1. Kein Anzünden der Sabbatkerzen 61
1.4.2. Keine Beschneidung der Söhne 61

2. FREUDS RELIGIONSKRITISCHE SCHRIFTEN 65

2.1. Religion als »universelle Zwangsneurose« (1907) 65
2.2. Der »letzte Grund der Religionen«: Die infantile Hilflosigkeit (1910) 67
2.3. Magie und »Allmacht der Gedanken« (1913) 69
2.4. Sophokles und Euripides: »Sagenstoff eine Anklage der Götter und des Schicksals [...]« (1916) 74
2.5. Vorrede zu Theodor Reiks Religionspsychologie (1919) 79
2.6. Die Zukunft einer Illusion (1927) 82

2.7. Vorrede zur hebräischen Ausgabe von *Totem und Tabu* (1930) 88

2.8. Über eine Weltanschauung (1933) 91

2.9. *Der Mann Moses und die monotheistische Religion* (1939) 95

3. DER TOD VON TOCHTER UND ENKEL, DER KREBS UND DAS ENDE 103

3.1. » [...] da ich im tiefsten ungläubig bin, habe ich niemand zu beschuldigen [...]« 104

3.2. Der Krebs 107

3.3. Freuds Tod: Lazarus und Sterbehilfe 110

4. RELIGION, POLITIK UND GESELLSCHAFT 115

4.1. »Pater Schmidt ... der Vertrauensmann des Papstes« 112

4.2. Palästina: »Heiliger Wahnwitz« 121

4.3. Freud und B'nai B'rith 129

Epilog: Sigmund Freud und Charlie Hebdo 135

Chronologie zu Freuds Beschäftigung mit Religion 138

Literatur 147

Bildnachweis 154

Abkürzungen 155

Index der Personen 156

Vorbemerkung

Aus Anlaß des 150. Geburtstags von Sigmund Freud im Jahre 2006 hatte mich die Katholische Akademie in Bayern eingeladen, einen Vortrag zum Thema »Die Bedeutung der Religion im Leben von Sigmund Freud" zu halten. Das war gleichzeitig ein Erfolg und ein Desaster. Direkt nach Erhalt der Einladung hatte ich vorsichtshalber den damaligen Studienleiter Dr. Armin Riedel angerufen, um ihn darüber aufzuklären, was das Publikum zu diesem Thema zu erwarten hat. Es sei für mich nicht ganz alltäglich, vor Zuhörern einer Katholischen Akademie über den Atheismus des Juden Freud zu sprechen. Es gelang Herrn Dr. Riedel mich davon zu überzeugen, daß ich durchaus keine falschen Rücksichten nehmen müsse. Ich habe diese Aussage für bare Münze genommen, mit dem Erfolg, daß ich während meines Vortrags zum ersten Mal in meinem Leben das Gefühl hatte, ich könne Leibwächter gebrauchen.

Diese Erfahrung hat bei mir zu der Erkenntnis geführt, daß viele Leute zu diesem Thema nicht gänzlich emotionslos eingestellt sind. Deshalb habe ich mich entschlossen, meinen Vortrag zu einem kleinen Büchlein zu erweitern. Ein Buch hat auch den Vorteil, daß der Autor in der Regel nicht direkt einer großen Anzahl aufgebrachter Leser gegenbersteht, sondern sich relativ leicht jeder Aufregung entziehen kann.

Lausanne, im Mai 2024

Prolog: »... Gläubige von der Universität ausschließen«

Konsequenter Weise müßte man alle irgendwie Gläubigen vom Besuch einer Universität ausschließen [...]
Sigmund Freud
Brief an Theodor Reik vom 21.10.1937[1]

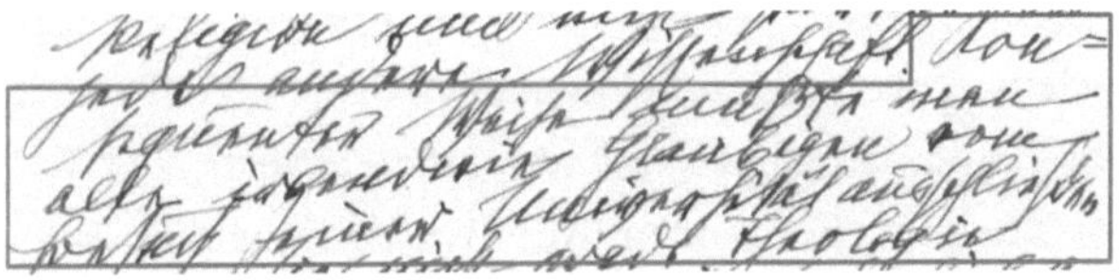

Abb. 1: Ausschnitt aus Freuds Brief an Reik

Das vorliegende Büchlein verfolgt die Entwicklung von Freuds Atheismus, beginnend mit seinen ironischen Bemerkungen im Jugendalter bis zu hin zu seinem Alterswerk *Der Mann Moses und die monotheistische Religion* aus dem Jahre 1939.

Es enthält nicht viel, was nicht schon andere vor mir gesagt und geschrieben hätten. Besonders Peter Gay hat in seinem Buch *Ein gottloser Jude*[2] überzeugend

---

1 Freud, 1956l, S. 118.
2 Gay, 1988

dargelegt, daß alle Versuche, Freud für die eine oder andere Religion zu vereinnahmen jeglicher Grundlage entbehren. Es trifft auch nicht zu, daß Freuds Einstellung zur Religion ambivalent gewesen sei, wie immer wieder behauptet wird.[3]

Mein Vorgehen unterscheidet sich aber insofern von dem Peter Gays, daß ich weitgehend chronologisch vorgehe. Dadurch wird besonders deutlich, wie biographische Entwicklungen im Leben Freuds und politische Ereignisse langsam zu seiner Überzeugung geführt haben, »daß es eine größere Gefahr für die Kultur bedeutet, wenn man ihr gegenwärtiges Verhältnis zur Religion aufrecht hält, als wenn man es löst«.[4]

Mit fortschreitendem Alter wurde Freud härter und forderte Konsequenzen. Zwei Jahre vor seinem Tod, im Alter von 81 Jahren, hielt er es nur für folgerichtig – wie er an Theodor Reik schrieb – »alle irgendwie Gläubigen vom Besuch einer Universität auszuschließen«.[5]

Wie verträgt sich Freuds Ablehnung jeglicher Religion mit der oft – auch von ihm selbst – hervorgehobene Tatsache, daß er sich immer als Jude gefühlt habe? Die Antwort auf diese Frage hat Freud selbst mehrfach gegeben. In einem Brief an die Mitglieder des jüdischen Humanitätsvereins B'nai B'rith, die ihm zu

---

[3] Vgl. z.B. Heine, 2006.

[4] Freud, 1927-03, S. 480.

[5] Freud, 1956l, S. 118.

seinem 70. Geburtstag gratuliert hatten, schrieb er am 6. Mai 1926: »Was mich ans Judentum band, war – ich bin schuldig, es zu bekennen – nicht der Glaube, auch nicht der nationale Stolz, denn ich war immer ein Ungläubiger, bin ohne Religion erzogen worden, wenn auch nicht ohne Respekt vor den 'ethisch' genannten Forderungen der menschlichen Kultur.«[6]

Und als Antwort auf ein Begrüßungsschreiben, das eine zionistische Organisation 1938 aus Anlaß seines Eintreffens in der Londoner Emigration an Freud gerichtet hatte, lesen wir, daß er nicht wie eine »Leader in Israel« behandelt werden wollte und er eine »absolut negative Einstellung zu jeder Religion« habe.[7]

Doch gleichsam als Trost für die Leser, die Freuds Auffassung nicht teilen, möchte ich einige Bemerkungen zur Freundschaft zwischen Sigmund Freud und dem Schweizer protestantischen Pfarrer Oskar Pfister (1873-1956) anfügen: Gleich zu Beginn ihres dreißig Jahre währenden Briefwechsels hatte Freud geschrieben: »Ich bin sehr frappiert, daß ich selbst nicht daran gedacht habe, welche außerordentliche Hilfe die psychoanalytische Methodik der Seelsorge leisten kann, aber es geschah wohl, weil mir als bösem Ketzer der ganze Vorstellungskreis so ferne liegt.«[8] Das freundschaft-

---

6 Freud, 1960a, S. 381.

7 Freud, 1954e S. 775.

8 Freud, 1963a, S. 13.

liche Verhältnis zu Pfister hatte Freud sogar bewogen, die Publikation seines religionskritischen Hauptwerks *Die Zukunft einer Illusion* aufzuschieben. In einem Brief vom Oktober 1927 schrieb er an Pfister: »In den nächsten Wochen wird eine Broschüre [...] von mir erscheinen, die viel mit Ihnen zu tun hat. Ich hätte sie nämlich längst schreiben wollen, aber mit Rücksicht auf Sie zurückgestellt, bis dann der Drang zu stark wurde. Sie behandelt – leicht zu erraten - meine durchaus ablehnende Einstellung zur Religion – in jeder Form und Verdünnung, und obwohl diese Ihnen nicht neu sein kann, fürchtete ich doch und fürchte es noch, daß Ihnen ein solches öffentliches Bekenntnis peinlich sein würde. Sie werden mich dann wissen lassen, welches Maß von Verständnis und Duldung Sie noch für den heillosen Ketzer aufbringen.«[9]

Pfisters Antwort ist charakteristisch für das Verhältnis zwischen beiden Männern: »Was Ihre Broschüre gegen die Religion anbetrifft, so bringt mir Ihre Ablehnung der Religion nichts Neues. Ich sehe ihr mit freudiger Spannung entgegen. Ein geistesmächtiger Gegner der Religion nützt ihr sicherlich mehr, als tausend nichtsnutzige Anhänger.«[10]

---

[9] Freud, 1963a, 116.
[10] Freud, 1963a, S. 117.

1. Zur Genese von Freuds religionskritischer Einstellung

1.1. Herkunft und Kindheit

1.1.1 »... vom lieben Gott und von der Hölle erzählt«

Sigmund Freud wurde am 6. Mai 1856 in dem kleinen mährischen Städtchen Freiberg[11] geboren. Seine Eltern stammten aus Galicien, Mutter Amalia aus Brody, Vater Jakob aus Tysmenitz, beides heute in der Ukraine. Sigmund kam als Onkel auf die Welt, da sein Vater aus erster Ehe zwei erwachsene Söhne (Emanuel und Philipp) hatte, von denen einer bereits Vater war.

Freuds Vater Jakob, ein Wollhändler, war im Umfeld des osteuropäischen Chassidismus aufgewachsen, hatte sich aber keiner besonders orthodoxen Richtung angeschlossen. Seine Mutter Amalia hatte einen Teil ihrer Jugend in Odessa verbracht, das einen zollfreien Hafen hatte und als kosmopolitisch galt. Beide Eltern fühlten sich als Juden, aber eine besondere Frömmigkeit wurde ihnen in der Familie nicht nachgesagt.

---

[11] Heute Příbor in Tschechien.

Es verwundert also nicht, daß der kleine Sigmund eine katholische Kinderfrau – »eine ältliche Person, sehr gescheit« – hatte, die ihm »vom lieben Gott und von der Hölle« erzählte und ihn »in alle Kirchen getragen« hat.[12]

Als sie beiden nach Hause kamen, predigte und erzählte Sigmund, »wie der liebe Gott macht.«[13]

Abb. 2: Kirche Mariä Geburt
in Freiberg

Seine jüdischen Eltern haben das nicht als Problem erlebt und so ist auch Sigmunds frühe Kindheit nicht durch Konflikte zwischen den Religionen geprägt gewesen.

---

[12] Freud, 1985c, S. 291.

[13] Freud, 1985c, 291.

1.1.2. *»Jud, herunter vom Trottoir«*

Ganz anders hat ein Erlebnis gewirkt, über das Freud in seinem Buch *Die Traumdeutung* berichtet. Während eines gemeinsamen Spaziergangs begann sein Vater ein Gespräch mit den Worten:

> *»Als ich ein junger Mensch war bin ich in deinem Geburtsort am Samstag in der Straße spazieren gegangen, schön gekleidet, mit einer neuen Pelzmütze auf dem Kopf. Da kommt ein Christ daher, haut mir mit einem Schlag die Mütze in den Kot und ruft dabei: Jud, herunter vom Trottoir!«*
>
> *»Und was hast du getan?«*
>
> *»Ich bin auf den Fahrweg gegangen und habe die Mütze aufgehoben«, war die gelassene Antwort.*
>
> *Das schien mir nicht heldenhaft von dem großen starken Mann, der mich Kleinen an der Hand führte. Ich stellte dieser Situation, die mich nicht befriedigte, eine andere gegenüber, die meinem Empfindungen besser entsprach, die Szene, in welcher Hannibals Vater, Hamilkar Barkas, seinen Knaben vor dem Hausaltar schwören läßt, an den Römern Rache zu nehmen.«*[14]

---

14 Freud, 1900-01, S. 182.

Zur Zeit dieses Gesprächs mit seinem Vater war Freud reichlich 10 Jahre alt, und er entwickelt nun dem Christentum, speziell der katholischen Kirche gegenüber, Rachegedanken und identifizierte sich mit Hannibal.

Allerdings war Freuds Vater keineswegs orthodox. Es wurde in der Familie überliefert, das er gesagt habe »Der Wald war der erste Tempel vom lieben Gott!« Die Großmutter wollte allerdings, dass die Kinder in die Synagoge gehen, aber er sagte, es sei viel besser, wenn sie mit ihm in den Park gingen und spielten.[15]

Abb. 3: Freud und sein Vater
ca. 1865

[15] Interview von Kurt Eissler mit Hella Bernays, S. 15 (SFP).

1.2. Gymnasial- und Studienjahre

1.2.1. Alfred Brehms Illustrirte Naturgeschichte des Thierreiches

Im September 1865, mit reichlich neun Jahren trat Freud ins Leopoldstädter Realgymnasium ein. Vorher hatte er vermutlich keine Schule besucht, sondern Privatunterricht bei seiner Mutter gehabt.

Gleich im ersten Gymnasialjahr wurde Naturgeschichte, speziell Wirbeltiere und Wirbellose, behandelt. Das Fach wurde unterrichtet von Alois Pokorny (1826-1905). Er war Direktor des Leopoldstädter Realgymnasiums und wichtigster naturwissenschaftlicher Lehrer Freuds. Pokorny galt als Botaniker von Rang, war Privatdozent an der Wiener Universität und Mitherausgeber der »Physiologia plantarum Austriacarum« die 1873 von der Österreichischen Akademie der Wissenschaften veranstaltet wurde.

Die Schüler benutzten als Lerngrundlage die 6. Auflage von Pokornys *Illustrirter Naturgeschichte des Thierreiches* von 1865. Freud hat sich offensichtlich in diesem Fach besonders hervorgetan, denn nach Abschluß des Schuljahrs wurde er ausgezeichnet und erhielt als Preis einen Band von Alfred Brehms

Geschichte des Tierlebens.[16] Vermutlich handelt es sich um den 1866 erschienenen dritten Band, der gemeinsam mit den 1867 noch bevorstehenden 16 Lieferungen des vierten Bandes den Vögeln gewidmet war.

Abb. 4: Titelseite von Band 3
von Brehms »Thierleben«

1867 waren Mineralogie und Botanik die Schwerpunkte, und wiederum war ein Lehrbuch Pokornys Pflichtlektüre: *Naturgeschichte des Mineralreiches und Pflanzenreiches.* Und 1871, zwei Jahre vor der Matura

16 Clark, 1980, S. 29; Freud-Bernays, 1989, S. 140.

stand Zoologie auf dem Lehrplan, wiederum unterrichtet von Pokorny.

Über den Einfluß seiner Lehrer schrieb Freud 50 Jahre später: »Ich weiß nicht, was uns stärker in Anspruch nahm und bedeutsamer für uns wurde, die Beschäftigung mit den uns vorgetragenen Wissenschaften oder die mit den Persönlichkeiten unserer Lehrer. Jedenfalls galt den letzteren bei uns allen eine niemals aussetzende Unterströmung, und bei vielen führte der Weg zu den Wissenschaften nur über die Personen der Lehrer [...]«[17]

Die Naturgeschichte hat Freud offensichtlich so stark beeindruckt, dass er später einer Freundin den Spitznamen »Ichthyosaura« gab.

1.2.2. Ludwig Börne

Zu seinem 13. Geburtstag am 6. Mai 1869 bekam Freud die Wiener Ausgabe der Werke Ludwig Börnes (1786-1837) in zwölf Bänden geschenkt und las sie mit »großem Eifer«.[18] Die zwölf Bände waren in 5 Büchern zusammengebunden.

---

17 Freud, 1914-06, S. 140.

18 Freud, 1992g, Bd. II/2, S. 225.

Abb. 5: Börnes Werke in 12 Bänden

Im zweiten Band findet sich ein kurzer Beitrag unter dem Titel »O närrische Leute, o komische Welt!«. Der letzte Absatz dieser Schrift lautet:

> *Religion ist Liebe und Versöhnung; schon im Worte liegt es: sie verbindet wieder, was getrennt war. Wären alle Menschen gleich weise, gleich begabt, mit gleichen Neigungen erfüllt, dann bedürfte es keiner Religion. Sie ist die Einheit des Mannigfaltigen, die Ewigkeit des Vergänglichen, die Schwerkraft des Unstäten; sie verzeiht die Schuld, und löst die Sünde auf in das allgemeine Licht. Aber was haben die Menschen daraus gemacht! Ein Blutstrom fließt durch achtzehn Jahrhunderte, und an seinen Ufern wohnt*

das Christenthum. Wie haben sie das Heiligste geschändet! Religion war eine Waffe in räuberischer oder meuchelmörderischer Hand. Wie haben sie den Gott der Liebe herabgewürdigt und seine Lehre zum Gesetze ihrer Herrschsucht, zum Regulative ihres habgierigen Krämerrechts mißbraucht! Hat das Christenthum je zu etwas Anderem gedient, als zum Werkzeuge der Verfolgung, wenn nicht zum letzten Troste wehrloser Schlachtopfer? Versöhnt seine Secten, und es wird ohnmächtig, vertilgt das Judenthum, und es stirbt. Vernichtet die Religionen, und ihr habt die Religion zerstört. Oder ist die Christuslehre nur die zerreißende Pflugschar der Menschheit? Wie mühsam und schmerzlich war dann der Bau des Landes, und bis der frohe Tag der Garben erscheint, rufe ich leise und mit erstickter Stimme: o närrische Leute, o komische Welt!«[19]

Freud hatte die ersten beiden Bände, die zusammengebunden erschienen waren, gründlich gelesen.

Es sei daran erinnert, dass Freud die Börne-Ausgabe bekommen hat, kurz nachdem sein Vater begonnen hatte, ihn »auf seine Spaziergänge mitzunehmen und mir in Gesprächen seine Ansichten über die Dinge dieser Welt zu eröffnen«[20], der junge Sigmund dem Christentum

---

[19] Börne, 1868, Band 2, S. 125.
[20] Freud, 1900-01, S. 182.

gegenüber Rachegedanken entwickelte und sich mit Hannibal identifizierte. Und genau zu dieser Zeit erhält er eine Börne-Ausgabe, in der dem Christentum 1800 Jahre Blutvergießen vorgeworfen werden.

Ludwig Börne war für Freud so wichtig, daß er im Herbst 1885 in Paris unbedingt Börnes Grab auf dem Friedhof Père Lachaise besuchen wollte. Aber ein Führer, den er fragte, hatte nie von Börne gehört, und Freuds »eigenmächtiges Suchen war aussichts- und erfolglos.«[21] Es gab damals kein Verzeichnis der Gräber berühmter Persönlichkeiten. Heute kann jeder Besucher leicht herausfinden, daß Ludwig Börnes Grab sich in der Division 19 befindet.

Abb. 6: Grab Ludwig Börnes in Paris

---

21 Sigmund Freud-Martha Bernays, 2./3.11.1885 (SFP)

Abb. 7: Ludwig Börne

Und im Jahr 1920 schrieb Freud, »daß er Börnes Werke im vierzehnten Jahr zum Geschenk bekommen habe und dieses Buch heute, fünfzig Jahre später, noch immer als das einzige aus seiner Jugendzeit besitze.«[22]

22 Freud, 1920-02, S. 381.

1.2.3. *Der »Leseverein der deutschen Studenten in Wien«*

Abb. 8: Schönlaterngasse

Der »Leseverein deutscher Studenten in Wien« war im Dezember 1871 gegründet worden. Ziel war es »für die deutschen Studenten einen Brennpunkt ihres ganzen geistigen Lebens [...] zu begründen.« Dabei habe es sich »um ein wahrhaftes, tief und allgemein gefühltes Bedürfniss der deutschen Studentenschaft" gehandelt.[23]

---

[23] *Jahresbericht des Lesevereines deutscher Studenten Wien's über das IV. Vereinsjahr 1874-75.* Wien. Selbstverlag des Lesevereines der deutschen Studenten, S. 3.

Dieser Verein war aus Begeisterung über die Gründung des Deutschen Reiches geschaffen worden, vertrat ein pangermanistisches Ideal und hatte zum Hauptziel die Propagierung des *deutschen* Charakters der Wiener Universität. Verbunden mit dieser Ausrichtung des Vereins war der *antisemitische* Charakter seines politischen Programms.[24] Allerdings verstand der Leseverein Antisemitismus anfangs lediglich in einem kulturellen und nicht in rassistischem Sinne.[25] Seit Oktober 1873 studierte Freud an der Medizinischen Fakultät der Universität Wien und wurde noch im ersten Studienjahr Mitglied des Lesevereins[26], der zuerst am Alten Fleischmarkt 16, dann in der Schönlaterngasse 9 und schließlich in der Wollzeile 33 zusammenkam.[27]

Wieso wird ein junger intelligenter Jude Mitglied eines Vereins mit antisemitischer Ausrichtung? Eine mögliche Antwort auf diese Frage stellt die These vom »jüdischen Selbsthaß« dar.[28]

---

24 McGrath, 1974; McGrath, 1986; Venturelli, 1984.

25 Venturelli, 1984., S. 453.

26 *Jahresbericht des Lesevereines deutscher Studenten Wien's über das IV. Vereinsjahr 1874-75.* Wien. Selbstverlag des Lesevereines der deutschen Studenten, S. 23.

27 Nur das Gebäude in der Schönlaterngasse steht heute noch, s. Abb. 8, ganz am rechten Rand.

28 Lessing, 1930.

Freud und andere jüdische Studenten dieser Zeit haben natürlich die judenfeindlichen Tendenzen in Wien sehr wohl wahrgenommen. Arthur Schnitzler, der – sechs Jahre jünger als Freud – ebenfalls in Wien Medizin studiert hatte, schreibt in seiner Autobiografie:

> *Die deutschnationalen Verbindungen hatten damit begonnen, Juden und Judenstämmlinge aus ihrer Mitte zu entfernen; gruppenweise Zusammenstöße während des sogenannten ›Bummels‹ an den Sonntagvormittagen, auch an den Kneipabenden, auf offener Straße zwischen den antisemitischen Burschenschaften und den freisinnigen Landsmannschaften und Corps, deren einige zum großen Teil aus Juden bestanden […] waren keine Seltenheit; Herausforderungen zwischen Einzelpersonen in Hörsälen, Gängen, Laboratorien an der Tagesordnung.*[29]

Trotz dieser von Schnitzler geschilderte Atmosphäre war Freud also Mitglied des *Lesevereins der deutschen Studenten Wiens* geworden. Wie er beugten sich – manche allerdings auch nur zeitweise wie Freuds enger Freund Josef Paneth – auch andere junge jüdische Intellektuelle, die in ihrer Herkunft ein Hindernis für ihren beruflichen Aufstieg sahen, dem Assimilationsdruck oder konvertierten gar zum Protestantismus oder

---

[29] Schnitzler, 1981, S. 152.

Katholizismus. Auch Victor Adler, jüdischer Kaufmannssohn und später der Begründer der österreichischen Sozialdemokratie, war Mitglied des *Lesevereins,* stand noch am Beginn seiner politischen Laufbahn der Deutsch-Nationalen Partei nahe und arbeitete sogar mit dem Antisemiten Georg von Schönerer an deren politischem Programm. Und Theodor Herzl, der Begründer des Zionismus, war Mitglied einer schlagenden deutsch-nationalen Studentenverbindung.[30] Auf diesem Hintergrund war Freuds Mitgliedschaft im pangermanistisch-antisemitischen Leseverein nichts Ungewöhnliches.

Unabhängig jedoch von allen Versuchen, die scheinbaren oder auch wirklichen Nachteile des eigenen Judentums durch deutsch-nationale Aktivitäten zu kompensieren, hat Freud wohl gespürt, daß der dauerhafte Erfolg solcher Kompensationsmechanismen und Anpassungsstrategien recht zweifelhaft ist.

Er gelangte allmählich zu der Einsicht, daß es erfolgversprechender ist, leistungsfähiger als die Konkurrenz zu sein. Folgerichtig begann Freud einen ausgeprägten Ehrgeiz und eine gewisse »Größensehnsucht« zu entwickeln. Seine konkreten Ziele formulierte er in einem Brief vom 2. Februar 1886 an seine Verlobte so:

---

30 Vgl. zu dem Problem eingehender Hellige, 1979, S. 492-494.

Ich weiß […], daß ich unter günstigen Bedingungen mehr leisten könnte als Nothnagel, dem ich mich weit überlegen glaube, und daß ich vielleicht Charcot erreichen könnte«.[31]

Das ist kein besonders bescheidenes Ziel, war doch Hermann Nothnagel immerhin einer der bekanntesten Ärzte seiner Zeit und Jean-Martin Charcot galt als führender Neuropathologe Europas; Freud hatte 1885/86 für ein knappes halbes Jahr bei ihm an der Pariser Salpêtrière hospitiert.

Mit dieser Größenidee hatte Freud entschieden, sich nicht assimilieren zu lassen, sondern durch Leistung auf sich aufmerksam zu machen. Viele Jahre später hat er dann auch explizit formuliert, daß es die Tatsache seiner Zugehörigkeit zum Judentum gewesen war, die leistungsmobilisierend gewirkt hat. Rückblickend schrieb er im Jahre 1907 an Karl Abraham: »[…] daß sie es als Jude schwerer haben, wird wie bei uns allen die Wirkung haben, all Ihre Leistungsfähigkeit zum Vorschein zu bringen«.[32]

---

31 Freud, 1960a, S. 208.

32 Freud, 2009h, S. 66.

1.2.4. *Die Abstammung des Menschen und das »luftige Dasein Gottes«*

Charles Darwins Buch Die *Abstammung des Menschen* erschien 1871 in London und seine zentrale Aussage war, daß der Mensch sich aus höheren Affenarten entwickelt hat. Das stand im Gegensatz zu der Aussage der biblischen Schöpfungsgeschichte, Gottvater habe den Menschen eigenhändig aus Lehm erschaffen. Für viele Gläubige war Darwins Abstammungslehre ein Affront. Beredter Ausdruck dieses Entsetzens ist der immer wieder kolportierte Ausruf der Frau eines Bischofs: »My dear, wir wollen hoffen, daß es nicht wahr ist und wenn es doch wahr ist, daß es wenigstens niemand erfährt!«[33]

Freud hatte davon erfahren. Noch als Schüler hatte er Sonntagsvorlesungen von Carl Brühl (1820-1899) besucht, der seit 1861 Inhaber des Wiener Lehrstuhls für Zootomie war und in breiten Kreisen durch seine populärwissenschaftlichen Vorträge bekannt wurde. Darunter waren auch »unentgeltliche Vorlesungen über die Darwin'sche Lehre" [...] die nicht nur eine Definition [...] und eine Darstellung ihrer Bedeutung für die Naturgeschichte, sondern für das Wissensgebiet über-

[33] Miller, 1924.

haupt, für die Religion und die Moral des Menschengeschlechts zu geben gesonnen sind.«[34]

Abb. 9: Darwin, ca. 1874

Eine andere von Brühls Vorlesungen behandelte das Goethe zugeschriebene Fragment »Die Natur«. Der Besuch dieser Vorlesung fiel in eine Zeit, in der Freud entscheiden mußte, was er studieren würde. Sein Vater hatte darauf bestanden, daß er in der Berufswahl nur seinen Neigungen folgen solle. Freud schrieb über diesen Entscheidungsprozeß:

Eine besondere Vorliebe für die Stellung und Tätigkeit des Arztes habe ich in jenen Jugendjahren nicht

---

34 *Das Freie Blatt*, 5.11.1872, S. 2

verspürt, übrigens auch später nicht. Eher bewegte mich eine Art von Wißbegierde, die sich aber mehr auf menschliche Verhältnisse als auf natürliche Objekte bezog und auch den Wert der Beobachtung als eines Hauptmittels zu ihrer Befriedigung nicht erkannt hatte. Indes, die damals aktuelle Lehre Darwins zog mich mächtig an, weil sie eine außerordentliche Förderung des Weltverständnisses versprach, und ich weiß, daß der Vortrag von Goethes schönem Aufsatz ›Die Natur‹ in einer populären Vorlesung kurz vor der Reifeprüfung die Entscheidung gab, daß ich Medizin inskribierte.[35]

Gleich zu Beginn seines Studiums im Herbst 1873 belegte Freud eine Vorlesung von Carl Claus zum Thema: »Allgemeine Zoologie in Verbindung mit einer kritischen Darstellung des Darwinismus«. Und 1875 – es waren gerade einmal fünf Jahre seit dem Erscheinen von Darwins *Abstammung des Menschen* vergangen – kaufte sich Freud trotz Geldnot Band 5 und 6 der dritten Auflage von Darwins *Gesammelten Werken*, die die *Abstammung des Menschen* enthielten. 30 Jahre später zählte er diese Schrift zu den »Zehn bedeutsamsten Büchern«.[36]

---

[35] Freud, 1925-04, S. 106.

[36] Freud, 1906-04.

Ch. Darwin's

gesammelte Werke.

Abb. 10: Band 5 von Darwins *Gesammelten Werken*

Darwins Buch hatte in Wien einen ähnlichen Schock hervorgerufen wie im viktorianischen England. Aber gerade deshalb hielt es Freud für wünschenswert, daß möglichst viele Leute erfahren, daß Darwins Theorie dem Gottesglauben den Todesstoß versetzt habe. Allerdings war sich Freud durchaus im klaren, daß Darwin selbst der Religion gegenüber indifferent war und keine eindeutig religionskritische Haltung aus seiner Theorie ableitete: In einem Brief an den Pfarrer und Psychoanalytiker Oskar Pfister, in dem es um Religion und Psychoanalyse geht, schrieb Freud:

> *Man kann natürlich sich des menschlichen Rechts auf Inkonsequenz bedienen, ein Stück weit mit der [Psycho]Analyse gehen, dann Halt machen, etwa wie*

Charles Darwin regelmäßig Sonntags zur Kirche gehen.[37]

An der Wiener Universität lehrten aber nicht nur Zoologen, sondern auch Philosophen. Einer von ihnen war Franz Brentano (1838-1917). Er war Philosoph und Psychologe, hatte aber auch Theologie studiert und war Priester geworden. Brentano wandte sich öffentlich gegen die Kanonisierung der päpstlichen Unfehlbarkeit und kritisierte die Dogmen der Trinität und der Inkarnation. 1873 legte er sein Priesteramt nieder und wechselte von der Universität Würzburg an die Universität Wien. Von dort hatte er 1874 einen Ruf als Professor für Philosophie nach erhalten.

Abb. 11: Franz Brentano, ca. 1875

[37] Freud, 1963a, S. 139.

Freud besuchte parallel zu den von ihm belegten zoologischen und naturgeschichtlichen Vorlesungen auch Brentanos Lehrveranstaltungen, darunter:

1. *»In Gemeinschaft mit den Studierenden: Lesung, Erklärung und kritische Besprechung ausgewählter philosophischer Schriften«*
2. *ein Kolloquium über »Das Dasein Gottes«*

Zu den »ausgewählten philosophischen Schriften« gehörten Ludwig Feuerbachs *Das Wesen des Christentums* und *Der alte und der neue Glaube von* David Friedrich Strauß. Freud hatte geschrieben, daß er Feuerbach »unter allen Philosophen am höchsten verehre und bewundere«[38] und er ihn und Strauß »mit Genuß und Eifer« gelesen habe.[39] Außerdem wurde John Stuart Mills *Das Nützlichkeitsprinzip* behandelt. Den »Mill'schen Gedanken« hoffte sich Freud »bald mit Eifer hingeben zu können«.[40] Er ahnte damals noch nicht, daß er selbst fünf Jahre später den zwölften Band von Mills *Gesammelten Werken* ins Deutsche übersetzen sollte.

Das Kolloquium »Das Dasein Gottes« lieferte den Anstoß zu Freuds theoretischer Auseinandersetzung

---

38 Freud, 1989a, S. 111.
39 Freud, 1992a, S. 203.
40 Freud, 1989a, S. 111.

mit Gott, Glauben und Religion. Im Frühjahr 1875 schrieben er und sein Freund und Studienkollege Josef Paneth an Brentano und wurden daraufhin von ihm nach Hause und zu gemeinsamen Spaziergängen eingeladen. Bei diesen Gelegenheiten diskutierten sie hauptsächlich das »Dasein Gottes«. Freud konnte sich Brentanos Argumentationsgang nicht entziehen und bewunderte seine Fähigkeit, ohne Phrasen und mit großer Exaktheit theistische Argumente zu verteidigen.

Freud war von Brentano zunächst sehr angetan und schrieb an seinen Freund Eduard Silberstein über das Kolleg zum »Dasein Gottes«:

> *Prof. Brentano, der es liest, ist ein prächtiger Mensch, Gelehrter und Philosoph, obwohl er es für nötig hält, dieses luftige Dasein Gottes mit seinen Gründen zu stützen.*[41]

Unter dem Einfluß Brentanos überlegte Freud sogar, von der medizinischen zur philosophischen Fakultät wechseln.

Doch Freud hatte das Gefühl, er sei unter Brentanos Einfluß nur »notgedrungen« zum Theisten geworden. Er hielt diese Entwicklung für eine Folge seiner Hilflosigkeit gegenüber Brentanos Argumentation. Nach einigen Wochen intensiver Auseinanderset-

---

[41] Freud, 1989a, S. 82.

zung[42] mit dem Problem der Existenz Gottes und Brentanos Position hörte der Philosoph schließlich auf, Freud zu interessieren. Wie sein Freund Josef Paneth schreibt, durchschauten sie mehr und mehr Brentanos »Manier, fortwährend mit Worten statt mit Begriffen zu hantieren, Unwichtiges peinlich zu beweisen und Wichtiges zu erschleichen, und mit Paralogismen (d.h. eigentlich Kalauern) zu arbeiten.«[43]

Doch der 19jährige Freud hatte sich zum Problem der Existenz Gottes eine Position erarbeitet, die er folgendermaßen zusammenfaßte:

»... die Existenz Gottes ist nicht durch Vereinsdebatten oder Parlamentsreden auszumachen, auch noch nicht durch spekulative, sondern bloß durch logische und psychologische Untersuchungen, zu denen nicht jeder Lust haben könnte, so wenig als zu astronomischen Rechnungen, und daher ist es ebenso ungerechtfertigt, über die Existenz Gottes jedweden als kompetent anzusehen als über die Existenz des Neptun.[44]

---

[42] Vermutlich besorgte Freud sich auch deshalb Adolf Douais' *ABC des Wissens für Denkende* und las besonders die Passagen über Gottesbeweise.

[43] Paneth, 2007, S. 32.

[44] Freud, 1989a, S. 125.

Hier beginnt sich Freuds lebenslange Überzeugung abzuzeichnen, daß es zwischen Religion und Wissenschaft einen »unleugbaren Konflikt« gibt.[45]

1.2.5. *»Eine ganz besondere religiöse Wirkung auf die Unterleibsorgane«*

Am Beginn des zweiten Studienjahres – also zur Zeit von Freuds Beschäftigung mit Naturgeschichte und der Enttäuschung von Brentano – fällt Freuds erste schriftliche Religionskritik, vorerst noch ironisch, ohne theoretische Argumentation.

Sie findet sich in einem Brief Freuds an seinem damals engsten Freund Eduard Silberstein. Sie kannten sich seit 1866, hatten sich schnell angefreundet, gemeinsam Spanisch gelernt, eine Academia Castellana gegründet und humoristische Texte verfasst. In ihrem Briefwechsel, der teilweise auf Spanisch geführt wurde, hatten sich die beiden Freunde in Anlehnung an Cervantes‹ Hundegespräche die Namen »Cipion« und »Berganza« zugelegt.

Silberstein hatte nun in einem Brief die Vermutung geäußert, Freud könne des Neujahrsfest vergessen haben, das 1874 auf den 11. September, nach jüdi-

[45] Freud, 1956l, S. 118.

Abb. 12: Eduard Silberstein ca. 1875

schem Kalender auf den 29. Elul gefallen war. Am 18. September antworte Freud:

> *Mir zuzumuten, daß ich Neujahr übersehen habe, heißt mir eine Geschmacklosigkeit zumuten, von der ich mich vollkommen frei weiß. Man macht der Religion [...] mit Unrecht den Vorwurf, daß sie metaphysischen Wesens sei und ihr die sinnliche Gewißheit fehle. Die Religion wendet sich vielmehr ausschließlich an die Sinne, und selbst der Gottesleugner, der das Glück hat, einer leidlich frommen Familie anzugehören, kann den Feiertag nicht leugnen, wenn er einen Neujahrstagbissen zum Munde führt. Man kann sagen, daß die Religion, mäßig genossen, die Verdauung reizt, aber im Übermaß sie schädigt ... der Mensch verdirbt sich eben den Magen. Es ist auch*

merkwürdig, wie sich gewisse Feiertage durch eine ganz besondere religiöse Wirkung auf die Unterleibsorgane auszeichnen. Z. B. wirken die Ostern verstopfend durch ungesäuertes Brot und harte Eier. Jom Kippur ist ein so funester Tag, nicht so sehr durch Gottes Zorn, als durch das Zwetschkenmus, das die Ausleerungen treibt. [46]

Auch in Freuds Briefen der nächsten Jahre scheint diese Ironie gelegentlich durch. So beendet er z.B. einen Brief an Silberstein mit der Formel »den Segen Gottes auf Dich herabflehend, mit herzlichen Grüßen, dein Cipion.«[47] Oder an seine Verlobte schrieb er:

Es ist so eine heilige Sonntagsstille, und die Glocken läuten, ich weiß nicht recht warum, und die Straßen sind so sauber, die Leute so höflich, die Alten sehen so aus, wie ich mir immer den Christian Fürchtegott Gellert vorgestellt habe, und die Jungen sind so bescheiden, als ob sie schon jetzt den lieben Gott fürchten würden.[48]

---

[46] Freud, 1989a, S. 74.

[47] Freud, 1989a, S. 189; In ihrem Briefwechsel, der teilweise auf Spanisch war, hatten sich die beiden Freunde in Anlehnung an Cervantes Hundegespräche die Namen »Cipion« und »Berganza« zugelegt.

[48] Freud & Bernays, 2011, S. 205.

Und sogar noch 1925 versucht er einen amerikanischen Besucher[49] durch den Vorschlag zu kränken,

> *die Freiheitsstatue im Hafen von New York durch die eines Affen zu ersetzen, der eine Bible hochhält.*[50]

1.3. Verlobungszeit und Hochzeit

1.3.1. Herkunft und Familie der Braut

Ein Jahr nach seiner Promotion zum »Doktor der gesamten Heilkunde« lernte Sigmund Freud im März 1882 eine 21jährige junge Dame namens Martha Bernays kennen. Sie war mit ihrer Schwester Minna zu Besuch bei Freuds Schwestern.[51] Am 17. Juni 1882, wenige Wochen nach ihrem ersten Treffen, verlobten sich Sigmund und Martha.

Martha stammte aus Hamburg und wurde am 26. Juli 1861 geboren. Ihr Großvater väterlicherseits war Isaac Bernays (1792-1849), der von 1821 bis zu seinem Tode Großrabbiner der Deutsch-Israelitischen Gemeinde in Hamburg war. Er war einer der ersten, die auf Deutsch predigten und galt als Vertreter einer

---

[49] Vermutlich George Davis Bivin (1874-1934).

[50] Freud, 1992g. Bd. 3/2, S. 54.

[51] Freud & Bernays, 2011, S. 32.

Abb. 13: Freud mit Martha Bernays, 1882

modernen jüdischen Orthodoxie. Sein ältester Sohn Jacob Bernays (1824-1881) war klassischer Philologe und mit Theodor Mommsen befreundet. Er war ein überzeugter orthodoxer Jude und weigerte sich aus Karrieregründen zum Christentum zu konvertieren. Ganz anders sein Bruder Michael Bernays (1834-1897): Schon als junger Mann konvertierte er zum Christentum. Der mittlere Sohn, Berman Bernays (1826-1879) war Marthas Vater.[52] Er war Kaufmann, mit sehr mäßigem Erfolg; wegen betrügerischen Bankrotts

[52] Die Informationen zu Marthas Familie stammen im Wesentlichen aus folgenden Quellen: Behling, 2002; Brämer, 2000; Brämer, 2006: Hirschmüller, 2005; Randt, 1991;

mußte er sogar eine Haftstrafe verbüßen. Über seine religiöse Einstellung ist nicht viel mehr bekannt, als daß er an die jüdische Gemeinde Steuern zahlte.

Über Marthas Vorfahren mütterlicherseits ist weniger bekannt. Fabian Philipp (1756-1834), ein Bruder ihres Urgroßvaters gründete 1785 die erste jüdische Gemeinde in Karlskrona in Schweden. Er stammte aus Bützow, knapp 40km südlich von Rostock und war 1780 nach Schweden gekommen. Sein Neffe, Fabian Aaron (1790-1850), heiratete die aus einer sehr angesehenen Hamburger jüdischen Bankiersfamilie stammende Minna Ruben (1795-1861). Ihr Vater Elias (1749-1822) gehörte zu den Mitbegründern und Geldgebern der 1805 gegründeten *Talmud Tora Schule* in Hamburg-Altona, der ersten streng jüdischen Schule Hamburgs. Sie wurde schnell zur größten jüdischen Schule in Norddeutschland. Etwa 1820 zogen Minna Ruben und ihr Mann Fabian Philipp von Karlskrona nach Hamburg. Dort wurde 1830 Emmeline, Marthas Mutter, geboren. Sie starb im Jahre 1910.

Viele Mitglieder der Familien von Marthas Mutter und Vater waren also – mindestens seit der Generation der Urgroßeltern – an maßgeblicher Stelle im jüdischen

---

Singer & Sohn, 1902; Valentin, 1924, S. 224f.; Wolff & Wolff, 2014.

Leben Nordeuropas verankert oder auch aktiv an seiner Entwicklung beteiligt.

Marthas Mutter stand der Beziehung und besonders einer möglichen Heirat ablehnend gegenüber, besonders wegen der beschränkten finanziellen Möglichkeiten Freuds. Auch deshalb schickte sie ihre Tochter zwei Tage nach deren heimlicher Verlobung mit Sigmund für drei Monate nach Hamburg, und Mitte Juni 1883 übersiedelte sie endgültig mit den Töchtern Martha und Minna in die norddeutsche Hafenstadt. Somit waren Martha und Sigmund zwischen ihre Verlobung und der Hochzeit am 13. September 1886 für fast vier Jahre getrennt Während dieser Zeit wechselten die Verlobten ca. 1600 Briefe und haben sich nur sechs Mal – meistens heimlich – in Hamburg gesehen.

In den »Brautbriefen« zwischen 1882 und 1886 »ist facettenreich das Gesicht der Epoche festgehalten, allerdings weniger im Sinne politischer Ereignisse als von Mentalitätsgeschichte, Alltagsgeschichte, Geschichte des privaten Lebens.«[53] Wir finden in ihnen auch hin und wieder Bemerkungen Freuds zur orthodoxen jüdischen Tradition und zu Glaubensfragen.

---

53 Freud & Bernays, 2011, S. 19.

1.3.2. »Ich wurde von Anfang an ohne Religion erzogen«: John Stuart Mills Autobiographie

Abb. 14: John Stuart Mill, ca. 1870

Freud interessierte sich für den englischen Philosophen John Stuart Mill (1806-1873), seit er in Brentanos Kolloquium Schriften von ihm gelesen hatte. 1879 hatte er – möglicherweise auf Empfehlung Brentanos – die Übersetzung des letzten Bandes der von Theodor Gomperz herausgegeben Gesamtausgabe der Werke des Philosophen übernommen. Freuds Übersetzungen erschienen 1880 als Band 12 von Mills *Gesammelten Werken.*[54] Der Band 12 enthält folgende Schriften

[54] Mill, 1880.

Mills: »Über Frauenemanzipation«; »Plato«; »Die Arbeiterfrage«; »Der Sozialismus«.

Im November 1883 diskutierten Freud und seine Verlobte die Ideen von Mill, speziell die zum Thema »Frauenemanzipation«.[55] Bemerkenswert ist, daß Freud für seine Braut, die ja aus einer orthodoxen jüdischen Rabbinerfamilie aus Hamburg stammte, und deren Mutter an den orthodoxen Traditionen festhielt, in diesem Zusammenhang eigens drei Seiten aus Mills *Autobiography* übersetzte und ihr mit der Anmerkung »Zur Lektüre dem Prinzeßchen empfohlen« schickte.[56] Freuds Übersetzung beginnt mit dem Satz: »Ich wurde von Anfang an ohne Religion in der gewöhnlichen Bedeutung des Wortes erzogen.« Bemerkenswert ist, dass Freud noch reichlich vierzig Jahre später in einem Brief an die Mitglieder des Israelitischen Humanitätsvereins B'nai B'rith anläßlich der Feier seines 70. Geburtstags die gleichen Worte verwendet: »Ich [...] bin ohne Religion erzogen«.[57]

Die Kernsätze des von Freud übersetzten Abschnitts von Mills *Autobiography* sind:

---

55 Freud & Bernays, 2013, S. 424f.

56 Freud & Bernays, 2013, S. 459-462.

57 Freud, 1960a, S. 381.

Er[58] fand es unmöglich zu glauben, daß eine Welt so reich an Übeln das Werk eines Urhebers sei, der unendliche Machtvollkommenheit mit vollkommener Güte und Gerechtigkeit in seiner Person vereinigte. Sein Geist wies die Spitzfindigkeiten von sich, durch die die Menschen versuchen, sich gegen diesen offenbaren Widerspruch zu verblenden. Die sabäische oder manichäische Theorie von einem guten und einem bösen Prinzip die miteinander um die Weltherrschaft ringen, wollte er nicht ebenso unbedingt verwerfen, und ich habe ihn seine Verwunderung ausdrücken hören, daß sie nicht in unserer Zeit neu belebt wurde. Er hätte sie für nichts weiter als eine Hypothese gelten lassen, aber er würde ihr keinen demoralisierenden Einfluß zugeschrieben haben. Seine Abneigung gegen die Religion im gewöhnlichen Wortverstande war von derselben Art wie des Lucretius, er betrachtete sie nicht nur als eine Täuschung des Geistes, sondern als ein großes moralisches Übel. Sie war ihm der größte Feind der Moralität, zunächst weil sie umgebildete Tugenden: Glauben an Lehrsätze, andächtige Gefühle und ein Zeremoniell geschaffen, was alles mit dem Wohl der Menschen in keinem Zusammenhange steht, und dies an die Stelle wirklicher Vollkommenheit setzt; dann aber, weil sie

[58] Mills Vater.

den Maßstab der Moral in wesentlichem Grade erniedrigt, indem sie dieselbe darin bestehen läßt, einem Wesen zu gehorchen, auf das die Religion zwar alle Phrasen der Schmeichelei verschwendet, das sie aber in schlichter Wahrheit als äußerst hassenswert darstellt. [...] Dieses Ideal alles Schlechten schien ihm im Gott des Christentums verwirklicht. Stellt Euch, pflegte er zu sagen, ein Wesen vor, das eine Hölle macht, das das Menschengeschlecht in der untrüglichen Voraussicht und also mit der Absicht schafft, daß die große Wahrheit desselben für schreckliche anhaltende Qualen bestimmt sei. Ich hoffe, die Zeit ist nicht ferne, wo diese gräßliche Vorstellung aus dem Christentum ausgeschieden ist und wo alle Personen mit irgendwelchem Gefühl für Moralität auf dieselbe mit ebensolcher Entrüstung wie mein Vater blicken werden. Mein Vater wußte so gut wie irgendeiner, daß die Christen im allgemeinen nicht dem demoralisierenden Einfluß eines solchen Glaubens in der Weise oder in dem Maße unterliegen, wie man erwarten sollte. Dieselbe Ungenauigkeit des Denkens und Abhängigkeit der Vernunft von Wünschen, Neigungen und Befürchtungen, welche macht, daß sie eine von Widersprüchen strotzende Lehre annehmen, hindert sie auch, die logischen Konsequenzen einer solchen Lehre zu bemerken. So groß ist die Leichtigkeit, mit der die Menschen einander widersprechende Dinge gleichzeitig für wahr annehmen und so gering die Anzahl derjenigen, welche aus dem ihnen als Wahrheit Überlieferten andere Schlüsse ziehen als ihnen ihre Empfindungen nahelegen, daß Millionen Menschen den unerschütterlichen Glauben an einen allmächtigen Schöpfer der Hölle festgehalten und nichtsdestoweniger denselben mit der höchsten Vorstellung, die sie sich von vollkommener Güte bilden konnten, identifiziert haben. Ihre Verehrung galt eben nicht dem Dämon, welcher ein Wesen, wie sie es dachten, in Wirklichkeit sein würde, sondern ihrem eigenen Ideal von Vollkommenheit. Das Schlechte ist, daß ein solcher Glaube das Ideal auf einer sehr niedrigen Stufe läßt und den zähesten Widerstand jedem Bemühen entgegensetzt, es höher zu erheben. Und so bleibt die Moral ein Gegenstand blinder Tradition, ohne maßgebenden Grundsatz, selbst ohne eine maßgebende Empfindung, sie zu lenken.[59]

Freud fertigte diese Übersetzung sicher nicht nur an, um seine Braut zu einer kritischeren Haltung der Religion gegenüber anzuregen, sondern sie trug wohl auch für ihn selbst zur Klärung eigener Positionen bei.

---

[59] Freud & Bernays, 2013, S. 460-462.

1.3.3. Die Beerdigung von Nathan Weiss

Nathan Weiss (1851-1883) war Neurologe und Sohn des Talmudlehrers Isaak Weiss (1815-1905). Freud lernte ihn 1883 im Wiener Allgemeinen Krankenhaus kennen, wo Weiss seit fünf Jahren arbeitete und Freud als Secundarius aspirans angefangen hatte. Die beiden Männer freundeten sich an, und am 15. August 1883 war Freud auf der Hochzeit von Nathan Weiss mit Helene Strauss (1857-1921). Einen Monat später – kurz nach Rückkehr von der Hochzeitsreise – erhängte sich Nathan in einem Bad in Wien.

Am 16. September war die Beerdigung. Noch am selben Tag schrieb Freud in einem Brief an seine Verlobte Martha:

Abb. 15: Nathan Weiß, ca. 1880

Über seinen Leichnam begann der Hader der Familien, und an seinem offenen Grab ertönte ein laut disharmonischer Schrei nach Rache, so ungerecht und rücksichtslos, als hätte er ihn selbst ausgestoßen. Der Lektor Friedmann, ein Verwandter und Kollege seines alten Vaters, begann: ›Dein Name war Noah, und die Eltern knüpften daran den Spruch: ›Du wirst mein Trost und meine Stütze sein im Alter.‹; Und all dieser Trost liegt nun hier. Und es steht geschrieben: ›Wenn eine Leiche gefunden wird und man weiß nicht, durch wessen Hand er um's Leben gekommen, dann soll man sich an die Nächsten halten, die sind die Mörder.‹ Wir aber, seine Eltern und Brüder, wir haben nicht sein Blut vergossen – › und nun begann er, in klaren Worten die andere Familie zu beschuldigen, daß sie ihm den Todesstoß versetzt. Dabei sprach er mit der gewaltigen Stimme des Fanatikers, mit der Glut des wilden, erbarmungslosen Juden. Wir waren alle erstarrt vor Empörung und Scham vor den Christen, die unter uns waren. Es war, als ob wir ihnen ein Recht gegeben hätten zu glauben, daß wir den Gott der Rache, nicht der Liebe anbeten.[60]

Freud schämte sich für die Worte des Grabredners, und dieses Erlebnis mag mit dazu beigetragen haben, daß

[60] Freud & Bernays, 2013, S. 252.

Freud in dem reichlichen halben Jahrhundert bis zu seinem eigenen Tod nur an ganz wenigen Beerdigungen teilgenommen hat.

1.3.4. »Nach der Fleischspeise Käse«: Sabotage jüdischer Feiertage und Verletzung der koscheren Essensregeln

Abb. 16: Jakob Freud mit Enkeln Pauline und Morris, 1883

Am 10. September 1883 war Freuds Vater nach Manchester gereist, um seine Söhne aus erster Ehe zu besuchen. Er wurde kurz nach dem 2. Oktober – auf den in diesem Jahr das jüdische Neujahrsfest fiel – zurückerwartet. Am 30. September schrieb Freud an seine Verlobte:

Der Vater soll bald nach Rosch hasch hasch hasch[61] *kommen. Hammerschlag*[62] *hat durchaus verlangt, daß ich meiner Schwiegermutter zu diesem festlichen Tage einen Gratulationsbrief schicke; ich habe erklärt, daß ich mit dem Judentum in Kampf liege.*[63]

Und tatsächlich hat Freud seiner Schwiegermutter zum Anlaß des Neujahrsfestes nicht geschrieben.

Freud war auch mit den strengen Vorschriften der jüdischen Religion für die Zubereitung von Speisen und Getränken vertraut. Die zum Verzehr geeigneten werden als »koscher« bezeichnet. Eine der Regeln besagt, daß fleischige und milchige Speisen nicht gleichzeitig gegessen werden dürfen und daß nach dem Verzehr von fleischigen Speisen eine gewissen Zeit vergehen muß, bevor wieder milchige gegessen werden dürfen. Die jüdischen Speisegesetze gehen auf die Tora zurück und wurden später weiter präzisiert.

Ein von Freud berichteter Vorfall wirft Licht auf seine Einstellung zu diesen Regeln: Den März des Jahres

---

[61] Die Herausgeber der Brautbriefe vermuten wohl zu recht, daß »Rosch hasch hasch hasch« ironisch für das das jüdische Neujahrsfest »Rosch Haschanah« steht, Freud & Bernays, 2013, S. 297.

[62] Freuds Religionslehrer Samuel Hammerschlag (1826-1904), mit dessen Familie Freud freundschaftlich verbunden war.

[63] Freud & Bernays, 2013, S. 295.

1886 verbrachte Freud in Berlin. Dort hospitierte er in verschiedenen klinischen Einrichtungen.[64] Ende März bekam er Besuch von einer Großcousine Marthas und deren Mann: Sally und Julius Lewisohn. Freud besuchte mit ihnen eine Aufführung von Kleists Schauspiel »Prinz von Homburg« im Deutschen Theater – übrigens mit Josef Kainz in der Hauptrolle.. Seine Eindrücke schildert Freud in einem Brief an Martha:

> *Das Theaterchen ist klein und wurde nicht voll, ein Prolog, der von einer rosafarbenen Dame gesprochen wurde, war entsetzlich schwülstig und pries den alten Herrn, der nicht mehr gehen und stehen kann, als ›in voller Manneskraft prangend‹. Das Stück kennst Du ja, Lewisohns kannten es nicht, und ich konnte den Eindruck verfolgen, den es auf sie beide machte. Zuerst war's sehr befremdend, die somnambule Szene, die ja wirklich bei einem märkischen Obersten und Kriegshelden was Sonderbares ist, verblüffte sehr. Im weiteren Verlauf tat Sally eine Reihe von köstlichen Äußerungen, wie: Den Mann möchte sie nicht heiraten, aber sie glaube, wenn er ihr Mann wäre, würde sie ihm die Unentschlossenheit schon austreiben; wie man sich so vor dem Tod fürchten könne usw. Sie verstand aber den Konflikt, zu dem es*

---

64 Vgl. Tögel, 2006, S. 12-30.

kam, sehr gut. Er war noch entschiedener unbefriedigt. Ob man gegen die Ordre siegen darf oder nicht, war für ihn als Kaufmann, dem es mehr auf den Zweck als die Mittel ankommt, von vorneherein eine gelöste Frage, und er sagte, ein Stück, das weiter nichts enthalte, sei langweilig. Auch mir wurden die vielen Schwächen des Stücks eigentlich recht auffällig […].«[65]

Nach dem Theater ging Freud mit seinen Gästen noch zum Abendessen. Die jüdische angeheiratete Verwandtschaft provozierte er durch eine »Fehlleistung«: Er beging den – wohl beabsichtigten – Fauxpas, »nach der Fleischspeise Käse zu verlangen.«[66]

1.4. Erste Ehejahre

Reichlich zwei Jahre vor seiner eigenen Hochzeit war Freud zur Hochzeit seines damals engsten Freundes Josef Paneth mit Sophie Schwab am 15. Mai 1884 eingeladen. Über das jüdische Trauungszeremoniell schrieb er an seine Verlobte:

---

[65] Sigmund Freud – Martha Bernays, 23. 3. 1886 (SFP).

[66] Sigmund Freud – Martha Bernays, 23. 3. 1886 (SFP).

Ein Zimmer war in eine Ausstellung verwandelt, die ich nicht ansah, obwohl sie sich sehr pompös ausnahm. [...] Die Trauung fand unter einem lächerlichen Baldachin in einem zur tempelartigen Öde hergerichteten Zimmer statt. Der Pfaffe Jellinek war sehr ekelhaft, obwohl noch relativ bescheiden, er lobte natürlich die Eltern und pries sie ihm und ihn ihr an, als ob sie auf ihn gewartet hätten, sich zu schätzen, und mischte den lieben Herrgott ins Spiel, der auf diese beiden Menschenkinder seine ganz besondere Gunst herabschütten sollte, und dazwischen war schöner Gesang des Chasan[67] *in den ergreifenden Tönen unserer alten Muttersprache. Breuer stand vor der Tür und hörte sich den Spuk nicht an, ich ärgerte mich furchtbar über die ganze Barbarei und daß zwei brave Menschen in dem Moment, wo sie wirklich bewegt sind und mehr sein wollen, die religiöse Heuchelei hinunterwürgen müssen, und dachte nach, wie ich das mir ersparen könnte, und kam zu Breuer mit dem Projekt, ich wolle zum Christentum übertreten, so daß wir dann Zivilehe schließen müssen; er verwarf es aber als zu kompliziert. Später kam mir der rettende Gedanke, daß wir doch wahrscheinlich in Wandsbek heiraten würden, wo die Ziviltrauung vorangehen muß, und daß wir uns dann*

---

[67] Kantor der Synagoge.

die ›kirchliche‹ überhaupt schenken könnten, und nahm mir vor, wenn ich noch zu jener Zeit Kraft genug besäße, es durchzusetzen und sehr bös zu werden, ja vielleicht Dich gar nicht zu mögen, wenn Du auf der rituellen Trauung bestehst.[68]

Der Bräutigam Josef Paneth schrieb vier Monate nach seiner Hochzeit einen Essay unter dem Titel »Quid faciendum«[69]. Der Essay hält sich »in dem Gedankenkreis derjenigen Juden [...], denen die jüdischen Religion nichts mehr bedeutet«.[70] Paneth schreibt u.a.: »Das Judentum ist in meinen Augen ein Anachronismus

Abb. 17: Josef Paneth, ca. 1880

68 Freud & Bernays, 2015. S. 335-337.

69 »Was zu tun ist«.

70 Paneth, 2007, S. 74.

[...]. Es ist eine Reliquie, ein Petrefakt, längst Wert, das es zu Grunde gehe.«[71]

Freud wird mit den Gedanken des Essays vertraut gewesen sein. Vermutlich haben die beiden Freunde auch die Grundgedanken des Essays miteinander besprochen. Auf jeden Fall hatten Freuds Erfahrungen und die in Paneths Essays formulierten Gedanken direkte Auswirkungen auf Freuds Alltag und den seiner Familie.

So hat Freud nur ein einziges Mal einem religiösen Ritual teilgenommen: Seiner eigene jüdische Trauung in Hamburg. Freud beugte sich hier nur den gesetzlichen Bestimmungen in Österreich, die ihn zu einer Trauung mit göttlichem Segen zwangen. Eine standesamtliche Eheschließung allein wäre in Österreich nicht anerkannt worden. Mehr Zugeständnisse hat Freud nicht gemacht.

Am 13. September 1886 fand im Rathaus von Wandsbek die Ziviltrauung von Sigmund und Martha statt, und einen Tag später die jüdische Trauung in der Hamburgerstraße 32, der Wohnung von Freuds Schwiegermutter.

Auf der Speisekarte für das Mittagessen der insgesamt 12 Hochzeitsgäste stand u.a. Fischsalat, Filet de boeuf, Spargel Erbsen, Gänsebraten und Kompott. Die

---

[71] Paneth, 2007, S. 84.

Speisekarte hat überlebt, eine Erinnerung an das jüdische Trauungszeremoniell ist dagegen nicht überliefert. Noch am Nachmittag des 14. September starteten die frisch Vermählten zu ihrer Hochzeitsreise und fuhren über Lübeck, Travemünde, Berlin, Dresden und Brünn nach Wien. Dort trafen sie am 29. September am Abend ein. Sie übernachteten in einem Hotel, da der Mietvertrag für ihre Wohnung ihnen den Einzug erst am nächsten Tage gestattet.

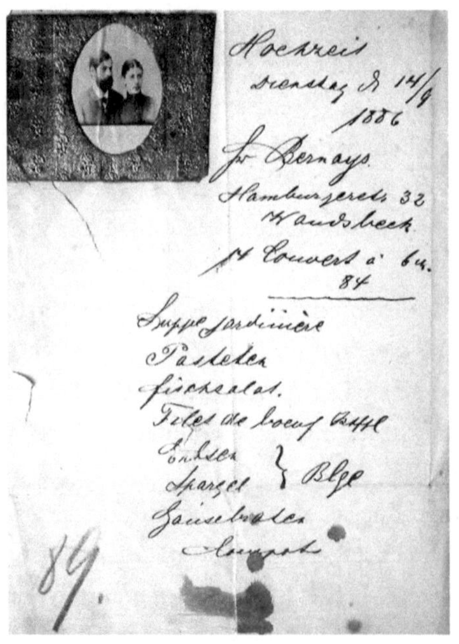
Hochzeit
Dienstag d. 14/9
1886
Fr Bernays
Hamburgerstr. 32
Wandsbeck
14 Couvert à 6 M.
84
Suppe jardinière
Pasteten
Fischsalat
Filet de boeuf Beilage
Erbsen
Spargel } Blge
Gänsebraten
Compot
89.

Abb. 18: Das Hochzeitsmenü

1.4.1. Kein Anzünden der Sabbatkerzen

Am 1. Oktober 1886, einem Freitag, bezogen die Eheleute ihre Wohnung in der Maria Theresien-Strasse 8. Martha war tief getroffen, als sie merkte, daß ihr Mann keine Sabbatkerzen gekauft hatte. Allerdings war ihr schon seit längerem klar, daß er religiöse Rituale verabscheute. Freuds Einstellung hat sich Zeit seines Lebens nicht geändert. Bezeichnend dafür ist auch ein Bericht über die jüdischen Katakomben in Rom, die er 20 Jahre später, am 21. September 1907, besucht hatte. Auf einer Postkarte an Martha schreibt er:

> *[...] auf vielen Tafeln ist der [jüdische siebenarmige] Leuchter zu sehen. Menora, glaube ich, heißt er.*[72]

Auch diese Bemerkung muß Martha schmerzlich getroffen haben.

1.4.2. Keine Beschneidung der Söhne

GEBURTS-BUCH FÜR DIE ISR. CULTUSGEMEINDE IN WIEN.

Abb. 19: Geburtseintrag von Martin Freud

[72] Freud, 2002, S. 223f., Hervorhebung von mir, CT.

Zwischen 1887 und 1895 bekam Martha sechs Kinder, drei davon sind Söhne: Martin (1889-1967), Oliver (1891-1969) und Ernst (1892-1970). Das Geburts-Buch der Israelitischen Kultusgemeinde weist alle drei Söhne als unbeschnitten aus:

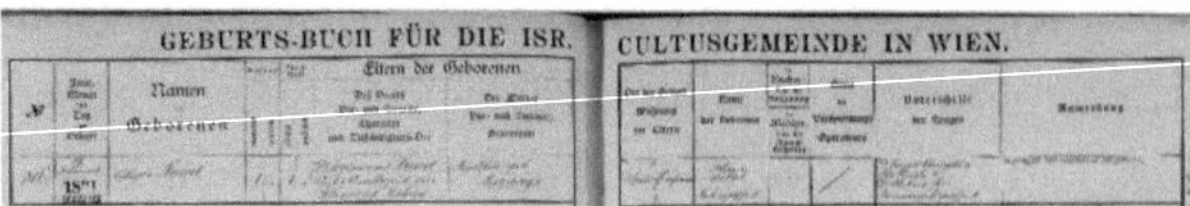
GEBURTS-BUCH FÜR DIE ISR. CULTUSGEMEINDE IN WIEN.

Abb. 20: Geburtseintrag von Oliver Freud

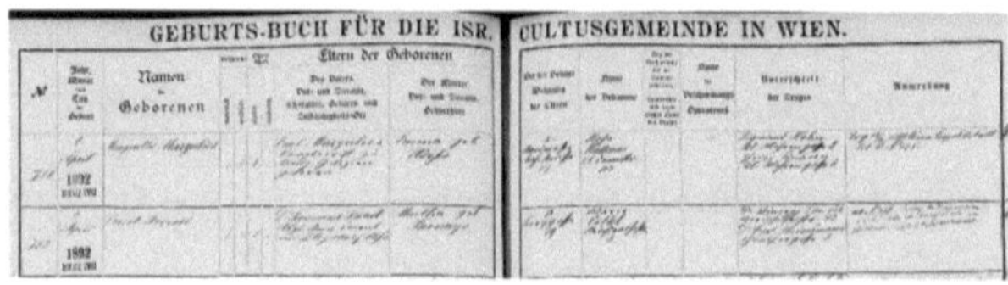
GEBURTS-BUCH FÜR DIE ISR. CULTUSGEMEINDE IN WIEN.

Abb. 21: Geburtseintrag von Ernst Freud

In Freuds Werken und Briefen aus diesen Jahren findet sich keine Aussage Freuds zum Ritual der Beschneidung. Aber ein Jahr vor seinem Tod formuliert er in seinem posthum erschienen *Abriss der Psychoanalyse* seine Ansicht dazu in einem Satz:

Die uralte Sitte der Beschneidung, ein anderer Symbolersatz der Kastration, lässt sich nur verstehen als Ausdruck der Unterwerfung unter den Willen des Vaters.[73]

[73] Freud, 1940-01, S. 410.

2. Freuds religionskritische Schriften

Zwischen 1907 und 1939 hat Freud mehrere religionskritische Schriften veröffentlicht. Sie waren und sind Gegenstand zahlreicher Publikationen, auch von den Vertretern verschiedener Religionen. Darauf soll hier aber nicht eingegangen werden. Vielmehr werden im Folgenden lediglich die Kerngedanken Freuds zur Religion zusammengefaßt.

2.1. Religion als »universelle Zwangsneurose« (1907)

Nach der Beschäftigung Freuds mit Mills Beschreibung seiner Religionsauffassung und der von Mills Vater im Jahre 1883 sollte es noch mehr als 20 Jahre dauern, bevor sich wieder schriftliche Zeugnisse Freuds zu Fragen der Religion finden. Aber dieses Mal ging es um einen wissenschaftlichen Zugang.

Anfang 1907 wurde von Johannes Bresler, dem Herausgeber der *Psychiatrisch-Neurologischen Wochenschrift*, aufgefordert, Mitherausgeber der von ihm gegründeten neuen *Zeitschrift für Religionspsychologie* zu werden. Freud sagte zu und schrieb für die erste Nummer einen Beitrag unter dem Titel »Zwangshandlungen und Religionsübung«. Die Schrift beginnt mit der Feststellung:

> *Ich bin gewiß nicht der erste, dem die Ähnlichkeit der sogenannten Zwangshandlungen Nervöser mit den Verrichtungen aufgefallen ist, durch welche der Gläubige seine Frömmigkeit bezeugt. [...] Doch scheint mir diese Ähnlichkeit eine mehr als oberflächliche zu sein, so daß man aus einer Einsicht in die Entstehung des neurotischen Zeremoniells Analogieschlüsse auf die seelischen Vorgänge des religiösen Lebens wagen dürfte.*[74]

Das den Zwangshandlungen und dem religiösen Ritual Gemeinsame ist das schlechte Gewissen bei Unterlassung. Insofern ist die Zwangsneurose eine »halb komische, halb traurige« Privatreligion. Die Motive, die der Religionsübung zugrunde liegen, sind den Gläubigen unbekannt oder werden in ihrem Bewußtsein durch vorgeschobene Motive vertreten. Der Zwangskranke steht laut Freud unter der Herrschaft eines Schuldbewußtseins, von dem er allerdings nichts weiß. Dem entspricht das Selbstverständnis der Gläubigen, eigentlich Sünder zu sein. Das religiöse Ritual ist eine Art von Abwehr oder Schutzmaßnahme dagegen. Darüber hinaus stimmen Zwangshandlungen und Religions-

---

[74] Freud, 1907-03 S. 95.

übungen darin überein, daß sie auf dem Verzicht auf gewisse Triebregungen basieren: Bei der Neurose sind es in der Regel sexuelle Triebe, in der Religion eher egoistische bzw. sozial schädliche, meistens auch mit einer sexuellen Komponente. Der Triebverzicht in der Religion soll göttliche Strafen verhindern. Rückfälle, d. h. nicht gelungener Triebverzicht, führen zu neuen religiösen Betätigungen – den Bußhandlungen als Selbstbestrafung.

Für Freud ist die Zwangsneurose das pathologische Gegenstück zur Religionsübung, d. h., er faßt die Neurose als eine individuelle Religion und die Religion als eine universelle Zwangsneurose auf.

2.2. Der »letzte Grund der Religionen«: Die infantile Hilflosigkeit (1910)

In seiner Schrift »Zwangshandlungen und Religionsübung« geht es lediglich um analoge Mechanismen, nicht um ursächliche Zusammenhänge. Auf solche hatte Freud zum ersten Mal am 27. Oktober 1909 in der Wiener Psychoanalytischen Vereinigung hingewiesen: In der Diskussion zu Fritz Wittels »Analyse einer hysterischen Verworrenheit« bemerkte er,

> *der Fall zeige auch deutlich, in welcher Weise der Religionsunterricht auf das Leben der katholischen*

Kinder wirke. Wie mancher Keim zur Psychose auf diesem Wege in das kindliche Gehirn komme. Auch die in diesem Fall deutliche Christusphantasie gehe darauf zurück.[75]

Nur wenige Wochen später glaubte Freud den »letzten Grund der Religionen« erkannt zu haben. An Carl Gustav Jung schrieb er am 2. Januar 1910:

Von eigenen Geistesblitzen [...] kann ich Ihnen nur eines anvertrauen, daß mir als letzter Grund des Bedürfnisses nach Religion die infantile Hilfslosigkeit, die beim Menschen doch so weit über die der Tiere geht, aufgefallen ist. Seither kann er sich die elternlose Welt nicht vorstellen und leistet sich einen gerechten Gott und eine gütige Natur, die beiden ärgsten anthropomorphen Verfälschungen des Weltbildes, deren er sich überhaupt schuldig machen konnte.[76]

Besonders die Hilflosigkeit mit der Erfahrung des Todes sei der Grund, warum der Mensch böse Geister erfand, die sich als Vorläufer mythologischer Wesen und religiöser Gottheiten erwiesen.[77]

---

[75] Freud, 1962-75a, Bd. 2, S. 258.
[76] Freud, 1974a, S. 312.
[77] Freud, 1913-16.

2.3. Magie und »Allmacht der Gedanken« (1913)

In seinem 1913 erschienen Buch *Totem und Tabu* knüpfte Freud an den Grundgedanken des Artikels über »Zwangshandlungen und Religionsübung« von 1907 an. Er entwickelte hier seine Ideen von der Ähnlichkeit zwischen der Religion und den Bräuchen »primitiver« Völker und den unbewußten Phantasien seiner neurotischen Patienten. Der Untertitel formuliert das Anliegen des Werkes in einer Sprache, die heute wohl kaum mehr ein Verlag akzeptieren würde: »Einige Übereinstimmungen im Seelenleben der Wilden und der Neurotiker«.

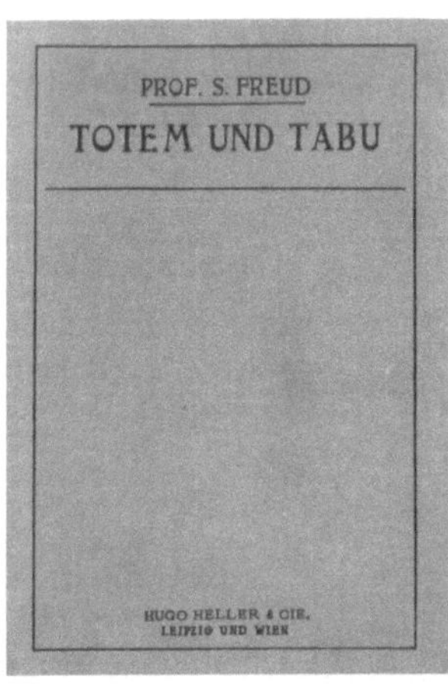

Abb. 22: Das Cover von *Totem und Tabu*

Im Frühjahr 1911 hatte Freud mit der Niederschrift begonnen, doch nach einem halben Jahr geriet die Arbeit ins Stocken, wie er Carl Gustav Jung gegenüber bekannte: »In meinen Totemarbeiten bin ich auf allerlei Schwierigkeiten, Stromschnellen, Katarakte, Sandbänke, u. dgl. gestoßen, weiß noch nicht, ob ich wieder flott werden kann.«[78] Und wenig später gesteht er seinem ungarischen Kollegen Sándor Ferenczi: »Die Totemarbeit ist eine Schweinerei. Ich lese dicke Bücher ohne rechtes Interesse, da ich die Resultate schon weiß, mein Instinkt sagt mir so; sie müssen aber durch alles Material hindurchgeschleift werden, unterdes verdunkeln sich die Einsichten, es gibt viele Dinge, die nicht stimmen wollen und doch nicht gezwungen werden dürfen, ich habe nicht jeden Abend Zeit usw. Mitunter ist mir, als hätte ich nur eine kleine Liaison anknüpfen wollen und entdeckte in meinem Alter, daß ich ein neues Weib heiraten muß.«[79]

Obwohl ihm die Arbeit an dieser Schrift alles andere als leicht von der Hand ging, hatte Freud die »Empfindung, daß es mein Größtes, Bestes, vielleicht mein letztes Gutes ist«[80]. Am 12. Mai 1913 war *Totem und Tabu* fertig, und am 29. Juni feierte Freud mit

---

78 Freud, 1974a, S. 518.

79 Freud, 1992g, Bd. 1, S. 426 f.

80 Freud, 1992g, Bd. 2, S. 215.

Freunden und Anhängern in einem Restaurant auf dem Konstantinshügel im Wiener Prater ein »Totemfest« auf das Erscheinen des Buches.

Der erste Abschnitt behandelt die »Inzestscheu« und der zweite Abschnitt »Das Tabu und die Ambivalenz der Gefühlsregungen«.

Erst im dritten Abschnitt mit dem Titel »Animismus, Magie und Allmacht der Gedanken« geht es schließlich um den Ursprung der Religion. Der Animismus ist ein Stadium in der Menschheitsentwicklung, in dem die Welt mit Seelen und Dämonen bevölkert ist und der Mensch seine Wünsche durch Projektion teilweise auf die Geister um ihn herum überträgt. Freud unterscheidet die Magie als eine Technik zur Beeinflussung anderer Menschen, vor allem von Feinden, und der Außenwelt von der Zauberei, d. h. von Methoden, um die Geister unter Kontrolle zu bringen. Unter den magischen Prozeduren ist eine der verbreitetsten, von einem Feind ein Ebenbild aus beliebigem Material herzustellen. Was man dann diesem Ebenbild antut, stößt auch dem verhaßten Feind zu. Oder man erzeugt Regen auf magischem Weg, indem man ihn imitiert bzw. die ihn erzeugenden Wolken nachahmt.

Das eigentliche Wesen der Magie sieht Freud jedoch in der »Allmacht der Gedanken«, dem übersteigerten Glauben an die Macht der Wünsche, wie er in den Phantasien der Neurotiker und den Wünschen von Kindern zu beobachten ist. Vor allem die Auseinandersetzung mit der Erfahrung des Todes sei der Grund, warum der Mensch böse Geister erfand, die sich als Vorläufer mythologischer Wesen und religiöser Gottheiten erwiesen. Auf Magie und »Allmacht der Gedanken« anspielend, schrieb Freud in seinem Glückwunschbrief zu Thomas Manns 60. Geburtstag:

> *Ich bin einer Ihrer ältesten Leser und Bewunderer. Ich sollte Ihnen ein langes und glückliches Leben wünschen, wie man es bei solchem Anlaß zu tun gewohnt ist. Aber ich enthalte mich dessen; Wünschen ist wohlfeil und es erscheint mir als Rückfall zu den Zeiten, da man an die magische Allmacht der Gedanken glaubte.*[81]

Im vierten und längsten Abschnitt »Die infantile Wiederkehr des Totemismus« resümiert Freud die Auffassung,

> *daß der Totemismus ein System ist, welches bei gewissen primitiven Völkern in Australien, Amerika, Afrika die Stelle einer Religion vertritt und die Grundlage der sozialen Organisation abgibt«*[82]. *Außerdem weist er auf eine Ausnahme hin: Das Opfermahl. Durch das gemeinsame Opfern und*

---

81 Freud, 1988g, S. 186 f.

82 Freud, 1913-01, S. 38.

Essen des Totemtiers, das eigentlich Tabu ist, wird die Beziehung unter den Clangenossen gestärkt. Die Söhne, die ihren Vater erschlugen, wiederholen mit jeder Opferzeremonie den Vatermord. Auf diese Weise wird die Gemeinschaft nicht nur zwischen den Brüdern gestärkt und aufrechterhalten, sondern auch mit dem Urvater, dessen Kräfte sie sich durch seine Verspeisung und deren Wiederholung im Opfermahl aneignen. Freud sieht in der Totemmahlzeit die Wiederholung des Vatermords »und die Gedenkfeier dieser merkwürdigen, verbrecherischen Tat, mit welcher so vieles seinen Anfang nahm, die sozialen Organisationen, die sittlichen Einschränkungen und die Religion«[83].

Im Jahr der Veröffentlichung von *Totem und Tabu* hatte Freud Besuch von Ludwig Binswanger und Paul Häberlin. Letzterer erinnerte sich an ein Gespräch: »Es gab für ihn keine Norm. Was als Norm aussah, das war verwandelte Bedürftigkeit, verwandelte Libido, elterlicher Einfluss, der akzeptiert wurde aus dem Wunsch, den Eltern entgegenzukommen. Religion war Priestererfindung, Priesterbetrug sogar.[84]

---

83 Freud, 1913-01, S. 81.

84 Paul Häberlin, Interview mit Kurt Eissler, SFP, S. 15-17)

2.4. Sophokles und Euripides: »Sagenstoff eine Anklage der Götter und des Schicksals [...]« (1916)

Freud hatte für das Wintersemester 1914/15 Vorlesungen zur »Einführung in die Psychoanalyse« angekündigt, aber nicht gehalten.[85] Die erste dieser Vorlesungen fand aber erst ein Jahr später, am 23. Oktober 1915, statt, und Freud schrieb darüber am 31. Oktober an Sándor Ferenczi: »Die Vormittage sind fast völlig frei. In dieser Muße habe ich mich bestimmen lassen, die Vorlesungen zu eröffnen, und fand mich am 23.X. wie am 30.X. einem Kolleg von etwa siebzig Personen gegenüber, darunter zwei Töchter und eine Schwiegertochter.[86] So wurde mir nahegelegt, aus der Vorlesung etwas mehr zu machen als sonst, mich ordentlich vorzubereiten, und in weiterem Verlauf kam ich zu der Absicht, die so gehaltenen Vorlesungen auch zu veröffentlichen. [...]«.[87]

---

85 Gicklhorn & Gicklhorn, 1960, S. 155, 191.

86 Es handelte sich um Freuds Töchter Mathilde und Anna sowie Ella Haim, die damalige Frau seines Sohnes Oliver; Giefer & Tögel, 2016, S. 122, 132.

87 Freud, 1992g, Bd. II/1, S. 152.

Schon nach der vierten Vorlesung war die Zuhörerschaft auf 100 angewachsen, und Freud begann seine Vorlesungen sukzessive aufzuschreiben. Am 1. Januar 1916 erwartete der Verleger Heller das Manuskript für die ersten vier Vorlesungen, denn er wollte sie bereits im Februar erscheinen lassen. Doch kriegsbedingt verzögerte sich der Druck noch bis zum 10. Juli.[88] Mitte Dezember 1916 erschien der Zweite Teil mit den Vorlesungen 5 bis 15, der Dritte Teil dann Anfang Juni 1917, und Mitte Juni erschien der Neudruck in einem Band.

Die einundzwanzigste *Vorlesung zur Einführung in die Psychoanalyse* trägt die Überschrift »Allgemeine Neurosenlehre. Libidoentwicklung und Sexualorganisation«. In dieser Vorlesung führt Freud seine Hörer auch in den Ödipuskomplex ein. Er beginnt mit einer wahren Geschichte:

> *Hören Sie eine kleine Begebenheit an, die sich im Laufe dieses Krieges zugetragen hat: Einer der wackeren Jünger der Psychoanalyse befindet sich als Arzt an der deutschen Front irgendwo in Polen und erregt die Aufmerksamkeit der Kollegen dadurch, daß er gelegentlich eine unerwartete Beeinflussung eines Kranken zu stande bringt. Auf Befragen bekennt er, daß er mit den Mitteln der Psychoanalyse arbeitet,*

---

[88] Freud, 1966a, S. 53.

und muß sich bereit erklären, den Kollegen von seinem Wissen mitzuteilen. Allabendlich versammeln sich nun die Ärzte des Korps, Kollegen und Vorgesetzte, um den Geheimlehren der Analyse zu lauschen. Das geht eine Weile gut, aber nachdem er den Hörern vom Ödipuskomplex gesprochen hat, erhebt sich ein Vorgesetzter und äußert, das glaube er nicht, es sei eine Gemeinheit des Vortragenden, ihnen, braven Männern, die für ihr Vaterland kämpfen, und Familienvätern, solche Dinge zu erzählen, und er verbiete die Fortsetzung der Vorträge. Damit war es zu Ende. Der Analytiker ließ sich an einen anderen Teil der Front versetzen. Ich glaube aber, es steht schlecht, wenn der deutsche Sieg einer solchen »Organisation« der Wissenschaft bedarf, und die deutsche Wissenschaft wird diese Organisation nicht gut vertragen.

Nun werden Sie darauf gespannt sein zu erfahren, was dieser schreckliche Ödipuskomplex enthält. Der Name sagt es Ihnen. Sie kennen alle die griechische Sage vom König Ödipus, der durch das Schicksal dazu bestimmt ist, seinen Vater zu töten und seine Mutter zum Weib zu nehmen, der alles tut, um dem Orakelspruch zu entgehen, und sich dann durch Blendung bestraft, nachdem er erfahren, daß er diese beiden Verbrechen unwissentlich doch begangen hat. Ich hoffe, viele von Ihnen haben die erschütternde Wirkung der Tragödie, in welcher S o p h o k l e s diesen

Stoff behandelt, an sich selbst erlebt. Das Werk des attischen Dichters stellt dar, wie die längst vergangene Tat des Ödipus durch eine kunstvoll verzögerte und durch immer neue Anzeichen angefachte Untersuchung allmählich enthüllt wird; es hat insofern eine gewisse Ähnlichkeit mit dem Fortgang einer Psychoanalyse. Im Verlaufe des Dialogs kommt es vor, daß die verblendete Mutter-Gattin J o k a s t e sich der Fortsetzung der Untersuchung widersetzt. Sie beruft sich darauf, daß vielen Menschen im Traume zu teil geworden, daß sie der Mutter beiwohnen, aber Träume dürfe man gering achten. Wir achten Träume nicht gering, am wenigsten typische Träume, solche, die sich vielen Menschen ereignen, und zweifeln nicht daran, daß der von Jokaste erwähnte Traum innig mit dem befremdenden und erschreckenden Inhalt der Sage zusammenhängt.

Es ist zu verwundern, daß die Tragödie des Sophokles nicht vielmehr empörte Ablehnung beim Zuhörer hervorruft, eine ähnliche und weit mehr berechtigte Reaktion als die unseres schlichten Militärarztes. Denn sie ist im Grunde ein unmoralisches Stück, sie hebt die sittliche Verantwortlichkeit des Menschen auf, zeigt göttliche Mächte als die Anordner des Verbrechens und die Ohnmacht der sittlichen Regungen des Menschen, die sich gegen das Verbrechen wehren. Man könnte leicht glauben, daß der Sagenstoff eine

Anklage der Götter und des Schicksals beabsichtige, und in den Händen des kritischen, mit den Göttern zerfallenen, Euripides wäre es wahrscheinlich eine solche Anklage geworden. Aber beim gläubigen Sophokles ist von dieser Verwendung keine Rede; eine fromme Spitzfindigkeit, es sei die höchste Sittlichkeit, sich dem Willen der Götter, auch wenn er Verbrecherisches anordne, zu beugen, hilft über die Schwierigkeit hinweg. Ich kann nicht finden, daß diese Moral zu den Stärken des Stückes gehört […][89]

Es besteht kein Zweifel, daß Freud hier Sophokles nicht beistimmt, sondern ihm »fromme Spitzfindigkeit vorwirft«, und vermutet, daß unter der Feder des Euripides sich die Tragödie zu einer Anklage der Götter gewandelt hätte. Freud wußte sicher, daß Euripides den Ödipusstoff ebenfalls zu einer Tragödie verarbeitet hatte, die allerdings verlorengegangen ist.[90] Freud wußte auch, daß Euripides wegen seiner Religionskritik starken Anfeindungen ausgesetzt war – ein Schicksal, dem Freud auch nicht entgehen sollte.

---

89 Freud, 1916/17-01, S. 291f.

90 Nur wenige Fragmente erhalten geblieben, vgl. Collard, 2004.

2.5. Vorrede zu Theodor Reiks Religionspsychologie (1919)

Abb. 23: Theodor Reik
ca. 1925

Theodor Reik (1888–1969) hatte in Wien Philosophie und Literatur studiert. Er promovierte zum Thema »Die Psychogenese von Flauberts ›Versuchung des hl. Antonius‹. Ein Beitrag zur Künstlerpsychologie«. Sie erschien als Buch mit einer Vorrede des berühmten Journalisten und Theaterkritikers Alfred Kerr.[91] Reik hatte Freud 1910 aufgesucht und dieser riet ihm, sich psychoanalytischen Studien zu widmen.[92] Seit

91 Reik, 1912.
92 Mühlleitner, 1992, S. 260.

November 1911 war Reik Mitglied der Wiener Psychoanalytischen Vereinigung. 1918 erhielt seine Arbeit »Die Pubertätsriten der Wilden«[93] auf Vorschlag Freuds den Preis der Zeitschrift *Imago* für die beste wissenschaftliche Arbeit auf dem Gebiet der angewandten Psychoanalyse. Seine Abhandlung *Probleme der Religionspsychologie* erschien als Band 5 der Internationalen Psychoanalytischen Bibliothek.

In seiner Vorrede zu dem Buch schreibt Freud:

> *Unterzieht man das prähistorische und ethnologische Material [...] einer psychoanalytischen Bearbeitung, so stellt sich ein unerwartet präzises Ergebnis heraus: daß Gottvater dereinst leibhaftig auf Erden gewandelt und als Häuptling der Urmenschenhorde seine Herrschermacht gebraucht hat, bis ihn seine Söhne im Vereine erschlugen. Ferner, daß durch die Wirkung dieser befreienden Untat und in der Reaktion auf dieselbe die ersten sozialen Bindungen entstanden, die grundlegenden moralischen Beschränkungen und die älteste Form einer Religion, der Totemismus. Daß aber auch die späteren Religionen von demselben Inhalt erfüllt und bemüht sind, einerseits die Spuren jenes Verbrechens zu verwischen oder es zu sühnen, indem sie andere Lösungen für den Kampf*

---

[93] Reik, 1915/1916.

zwischen Vater und Söhnen einsetzen, anderseits aber nicht umhin können, die Beseitigung des Vaters von neuem zu wiederholen. Dabei läßt sich auch im Mythus der Nachhall jenes, die ganze Menschheitsentwicklung riesengroß überschattenden Ereignisses erkennen.

Diese auf den Einsichten von Robertson S m i t h fußende, von mir in »Totem und Tabu« 1912 entwickelte Hypothese hat Th. Reik seinen Studien über Probleme der Religionspsychologie zugrunde gelegt, von denen hier der erste Band ausgegeben wird. Der psychoanalytischen Technik getreu gehen diese Arbeiten von bisher unverstandenen Einzelheiten des religiösen Lebens aus, um durch deren Aufklärung Aufschluß über die tiefsten Voraussetzungen […] und letzten Ziele der Religionen zu gewinnen, und behalten die Beziehung zwischen dem Urzeitlichen und dem heutigen Primitiven sowie den Zusammenhang kultureller Leistung mit neurotischer Ersatzbildung unverrückt im Auge.[94]

Freud sollte sich knapp zehn Jahre später selbst dem »Aufschluß über die tiefsten Voraussetzungen […] und letzten Ziele der Religionen« widmen. Sein religionskri-

---

[94] Freud (1919-07), S. 285ff.

tisches Hauptwerk *Die Zukunft einer Illusion* behandelt auch diese Frage.

2.6. Die Zukunft einer Illusion (1927)

Abb. 24: Das Cover von
Die Zukunft einer Illusion

Im Frühjahr 1927 begann Freud die Arbeit an seinem Buch *Die Zukunft einer Illusion.* Er hatte die Niederschrift und damit auch die Publikation seiner Gedanken mit Rücksicht auf seinen Freund Pfarrer Oskar Pfister lange hinausgezögert.[95] Das Buch behandelt

---

95 Siehe Prolog, S. 7f.

im Gegensatz zu seinen bisherigen Arbeiten zu diesem Thema hauptsächlich Wesen und Zukunft der Religion. Dabei legte Freud Wert auf die Unterscheidung, daß eine Illusion kein Irrtum sei, sondern ein im Wesentlichen durch Wunscherfüllung motivierter Glaube – zum Beispiel wenn sich ein armes Mädchen der Illusion hingibt, ein Prinz werde kommen und es heiraten. Freud war sich im klaren, daß er mit seinen Thesen auf starken Widerspruch stoßen würde, aber er wußte sich zu trösten:

> *In früheren Zeiten war es anders, da erwarb man durch solche Äußerungen eine sichere Verkürzung seiner irdischen Existenz und eine gute Beschleunigung der Gelegenheit, eigene Erfahrungen über das jenseitige Leben zu machen.*[96]

Im Einklang mit seiner These, daß der »letzte Grund des Bedürfnisses nach Religion die *infantile Hilfslosigkeit*« des Menschen sei, schreibt Freud in seinem Buch:

> *Aber die Hilflosigkeit der Menschen bleibt und damit ihre Vatersehnsucht und die Götter. Die Götter behalten ihre dreifache Aufgabe, die Schrecken der Natur zu bannen, mit der Grausamkeit des Schicksals, besonders wie es sich im Tode zeigt, zu versöhnen und für die Leiden und Entbehrungen zu ent-*

---

[96] Freud, 1927-03, S. 481.

schädigen, die dem Menschen durch das kulturelle Zusammenleben auferlegt werden.[97]

Die Bedeutung der ersten Aufgabe nimmt mit wachsender Naturerkenntnis und -beherrschung ab. Allerdings greifen die Götter gelegentlich ein, gleichsam um zu demonstrieren, daß sie von ihrer ursprünglichen Machtsphäre nichts aufgegeben haben. Und Freud fährt fort:

> *Was die Austeilung der Schicksale betrifft, so bleibt eine unbehagliche Ahnung bestehen, daß der Rat- und Hilflosigkeit des Menschengeschlechts nicht abgeholfen werden kann. Hier versagen die Götter am ehesten; wenn sie selbst das Schicksal machen, so muß man ihren Ratschluß unerforschlich heißen; dem begabtesten Volk des Altertums dämmert die Einsicht, daß die Moira [das Schicksal] über den Göttern steht und daß die Götter selbst ihre Schicksale haben. Und je mehr die Natur selbständig wird, die Götter sich von ihr zurückziehen, desto ernsthafter drängen alle Erwartungen auf die dritte Leistung, die ihnen zugewiesen ist, desto mehr wird das Moralische ihre eigentliche Domäne. Göttliche Aufgabe wird es nun, die Mängel und Schäden der Kultur auszugleichen, die Leiden in acht zu nehmen, die die Menschen im*

---

97 Freud, 1927-03, S. 464f.

Zusammenleben einander zufügen, über die Ausführung der Kulturvorschriften zu wachen, die die Menschen so schlecht befolgen. Den Kulturvorschriften selbst wird göttlicher Ursprung zugesprochen, sie werden über die menschliche Gesellschaft hinausgehoben, auf Natur und Weltgeschehen ausgedehnt. So wird ein Schatz von Vorstellungen geschaffen, geboren aus dem Bedürfnis, die menschliche Hilflosigkeit erträglich zu machen, erbaut aus dem Material der Erinnerungen an die Hilflosigkeit der eigenen und der Kindheit des Menschengeschlechts.[98]

Nach Erörterungen über die psychologische Bedeutung religiöser Vorstellungen und ihren illusionären Charakter geht Freud auf das Verhältnis von Gesellschaft und Religion ein. Er setzt sich mit dem Argument auseinander, daß man die Religion als Grundlage unserer Kultur nicht ungestraft hinterfragte, genausowenig wie man archäologische Ausgrabungen unter Wohnhäusern vornimmt, auf die Gefahr hin, daß diese dann einzustürzen. Er ist dagegen der Ansicht,

daß es eine größere Gefahr für die Kultur bedeutet, wenn man ihr gegenwärtiges Verhältnis zur Religion aufrecht hält, als wenn man es löst[99].

---

98 Freud, 1927-03, S. 465.
99 Freud, 1927-03, S. 480.

Freuds erstes Argument: Wäre es der Religion gelungen, die Mehrzahl der Menschen glücklich zu machen, sie zu trösten und mit dem Leben auszusöhnen, so würde es keinem einfallen, sie in Frage zu stellen. Zweitens führe der Fortschritt der Wissenschaft unweigerlich zum Niedergang der Religion. Bei Intellektuellen ist das unproblematisch, wohl aber bei den ungebildeten Massen:

> *Wenn man seinen Nebenmenschen nur darum nicht erschlagen darf, weil der liebe Gott es verboten hat und es in diesem oder jenem Leben schwer ahnden wird, man erfährt aber, es gibt keinen lieben Gott, man braucht sich vor seiner Strafe nicht zu fürchten, dann erschlägt man ihn gewiß unbedenklich und kann nur durch irdische Gewalt davon angehalten werden. Also entweder strengste Niederhaltung dieser gefährlicher Massen, sorgsamste Absperrung von allen Gelegenheiten zur geistigen Erweckung oder gründliche Revision der Beziehung zwischen Kultur und Religion.*[100]

Auf die Frage nach der Zukunft der Religion hat Freud zwei Antworten parat: eine ideale, die sich auf Rationalität, Wissenschaft und Religionsentzug gründet; doch für Freud ist die Zeit für den »Primat des Intellekts«

---

[100] Freud, 1927-03, S. 484.

noch nicht gekommen. Eine realistische Perspektive hingegen sieht er in der

> *Beibehaltung des religiösen Lehrsystems. Es ist ein praktisches Problem, nicht eine Frage des Realitätswerts. Da wir im Interesse der Erhaltung unserer Kultur mit der Beeinflussung des Einzelnen nicht warten können, bis er kulturreif geworden ist – viele würden es überhaupt niemals werden –, da wir genötigt sind, dem Heranwachsenden irgendein System von Lehren aufzudrängen, das bei ihm als der Kritik entzogene Voraussetzung wirken soll, erscheint mir das religiöse System dazu als das weitaus geeignetste. Natürlich gerade wegen seiner wunscherfüllenden und tröstenden Kraft [...]. Angesichts der Schwierigkeiten etwas von der Realität zu erkennen, ja der Zweifel, ob dies uns überhaupt möglich ist, wollen wir doch nicht übersehen, daß auch die menschlichen Bedürfnisse ein Stück der Realität sind, und zwar ein wichtiges, eines, das uns besonders nahe angeht.*[101]

Seine Hoffnung aber gibt Freud nicht auf: Er glaubt, daß die Vernunft sich langfristig gegen die Religion durchsetzen werde:

---

[101] Freud, 1927-03, S. 495.

[...] die Stimme des Intellekts ist leise, aber sie ruht nicht, ehe sie sich Gehör geschafft hat.[102]

Allerdings schränkt er etwas später in einem Brief an Marie Bonaparte ein:

[...] man ist in Gefahr, die Häufigkeit der Irreligiösen Einstellung bei den Intellektuellen zu überschätzen. Ich überzeuge mich jetzt davon, wenn ich die Reaktionen auf die Illusion überschaue. Das kommt daher, daß unter dem Namen ›Religion‹ die verschiedenartigsten Getränke verzapft werden, mit sehr wenig Prozent Alkohol, eigentlich schon alkoholfrei, aber sie berauschen sich noch immer daran. Die alten Zecher waren noch ein respektables Geschlecht, aber sich an Pomerit [Apfelwein] einen Schwips zu holen, ist eigentlich lächerlich.[103]

2.7. Vorrede zur hebräischen Ausgabe von Totem und Tabu (1930)

Die Vorrede zur hebräischen Ausgabe hatte Freud zusammen mit der für die *Vorlesungen zur Einführung in die Psychoanalyse* bereits im Dezember 1930 an den

---

[102] Freud, 1927-03, S. 496.
[103] Freud, 2022, S. 336.

Übersetzer Yehuda Dvir-Dvosis (1896–1971) geschickt[104], der bereits am Text arbeitete.

Abb. 25: Yehuda Dvir-Dvosis ca. 1935

Die Herausgeber der *Gesammelten Schriften* Freuds veröffentlichten den deutschen Text 1934 in der Annahme, die Übersetzung sei »im Erscheinen« – so im einleitenden Vermerk. Allerdings wurde das hebräische Buch erst Ende 1938 veröffentlicht.[105]

Keiner der Leser dieses Buches wird sich so leicht in die Gefühlslage des Autors versetzen können, der die

---

104 Vgl. den Einleitungstext zu Freud (1934-01)xxx.

105 Freud Sigmund (1939): לשו םיארפה לש שפנה ייחב תומיאת המ ובאטו םטו ט :ובאטו םטו ט םינקיטורבנה [Totem und Tabu. Einige Übereinstimmungen im Seelenleben der Wilden und der Neurotiker.] Jerusalem: Kiryat Sefer.

heilige Sprache nicht versteht, der väterlichen Religion – wie jeder anderen – völlig entfremdet ist, an nationalistischen Idealen nicht teilnehmen kann und doch die Zugehörigkeit zu seinem Volk nie verleugnet hat, seine Eigenart als jüdisch empfindet und sie nicht anders wünscht. Fragte man ihn: Was ist an dir noch jüdisch, wenn du alle diese Gemeinsamkeiten mit deinen Volksgenossen aufgegeben hast?, so würde er antworten: Noch sehr viel, wahrscheinlich die Hauptsache. Aber dieses Wesentliche könnte er gegenwärtig nicht in klare Worte fassen. Es wird sicherlich später einmal wissenschaftlicher Einsicht zugänglich sein.

Für einen solchen Autor ist es also ein Erlebnis ganz besonderer Art, wenn sein Buch in die hebräische Sprache übertragen und Lesern in die Hand gegeben wird, denen dies historische Idiom eine lebende »Zunge« bedeutet. Ein Buch überdies, das den Ursprung von Religion und Sittlichkeit behandelt, aber keinen jüdischen Standpunkt kennt, keine Einschränkung zugunsten des Judentums macht. Aber der Autor hofft, sich mit seinen Lesern in der Überzeugung zu treffen, daß die voraussetzungslose Wissenschaft dem Geist des neuen Judentums nicht fremd bleiben kann.[106]

[106] Freud, 1934-02, S. 23.

2.8. Über eine Weltanschauung (1933)

Mitte Februar 1932 hatte Freud den Plan gefasst, »im Sommer ›Neue Vorlesungen‹ als Ergänzung zur Einführung zu verfassen.« Für ihn waren »die ›Neuen Vorlesungen‹ kein inneres Bedürfnis, sie sollen vor allem dem Verlag zu Hilfe kommen.«[107] Anfang September hatte Freud das Manuskript abgeschlossen und die Neuen Vorlesungen wurden bereits Ende 1932 ausgeliefert[108], im Jahr vor dem offiziellen Erscheinungstermin.

Die 35. Vorlesung stand unter der Überschrift »Über eine Weltanschauung« und Freud schrieb dazu Folgendes:

> *Man ist bereit zu verfolgen, welche Erfüllungen dieselben sich in den Leistungen der Kunst, in den Systemen der Religion und der Philosophie geschaffen haben, aber man kann doch nicht übersehen, daß es unrechtmäßig und in hohem Grade unzweckmäßig wäre, die Übertragung dieser Ansprüche auf das Gebiet der Erkenntnis zuzulassen. Denn damit öffnet man die Wege, die ins Reich der Psychose, sei es der individuellen oder der Massenpsychose führen, und entzieht jenen Strebungen wertvolle Energien, die*

---

[107] Freud, 2018, S. 74f.

[108] Freud, 2004h, S. 831, 841.

sich der Wirklichkeit zuwenden, um, soweit es möglich ist, Wünsche und Bedürfnisse in ihr zu befriedigen.

Vom Standpunkt der Wissenschaft aus ist es unvermeidlich, hier Kritik zu üben und mit Ablehnungen und Zurückweisungen vorzugehen. Es ist unzulässig zu sagen, die Wissenschaft ist ein Gebiet menschlicher Geistestätigkeit, Religion und Philosophie sind andere, ihr zum mindesten gleichwertig, und die Wissenschaft hat diesen beiden nichts dareinzureden; sie habe alle gleichen Anspruch auf Wahrheit, und jedem Menschen steht es frei, zu wählen, woher er seine Überzeugung nehmen und wohin er seinen Glauben verlegen will. Eine solche Anschauung gilt als besonders vornehm, tolerant, umfassend und frei von engherzigen Vorurteilen. Leider ist sie nicht haltbar, sie hat Anteil an allen Schädlichkeiten einer ganz unwissenschaftlichen Weltan-schauung und kommt ihr praktisch gleich. Es ist nun einmal so, daß die Wahrheit nicht tolerant sein kann, keine Kompromisse und Einschränkungen zuläßt, daß die Forschung alle Gebiete menschlicher Tätigkeit als ihr eigen betrachtet und unerbittlich kritisch werden muß, wenn eine andere Macht ein Stück davon für sich beschlagnahmen will.

Von den drei Mächten, die der Wissenschaft Grund und Boden bestreiten können, ist die Religion allein

Abb. 26: Der Moses des Michelangelo

der ernsthafte Feind. Die Kunst ist fast immer harmlos und wohltätig, sie will nichts anderes sein als Illusion. Außer bei wenigen Personen, die, wie man sagt, von der Kunst besessen sind, wagt sie keine Übergriffe ins Reich der Realität. Die Philosophie ist der Wissenschaft nicht gegensätzlich, sie gebärdet sich selbst wie eine Wissenschaft, arbeitet zum Teil mit den gleichen Methoden, entfernt sich aber von ihr, indem sie an der Illusion festhält, ein lückenloses und zusammenhängendes Weltbild liefern zu können, das doch bei jedem neuen Fortschritt unseres Wissens zusammenbrechen muß. Methodisch geht sie darin irre, daß sie den Erkenntniswert unserer logischen

Operationen überschätzt und etwa noch andere Wissensquellen wie die Intuition anerkennt. Und oft genug meint man, der Spott des Dichters (H. Heine) sei nicht unberechtigt, wenn er vom Philosophen sagt:

›Mit seinen Nachtmützen und Schlafrockfetzen
Stopft er die Lücken des Weltenbaus.‹[109]

Aber die Philosophie hat keinen unmittelbaren Einfluß auf die große Menge von Menschen, sie ist das Interesse einer geringen Anzahl selbst von der dünnen Oberschicht der Intellektuellen, für alle anderen kaum faßbar. Dahingegen ist die Religion eine ungeheure Macht, die über die stärksten Emotionen der Menschen verfügt. Es ist bekannt, daß sie früher einmal alles umfaßte, was als Geistigkeit im Menschenleben eine Rolle spielt, daß sie die Stelle der Wissenschaft einnahm, als es noch kaum eine Wissenschaft gab, und daß sie eine Weltanschauung von unvergleichlicher Folgerichtigkeit und Geschlossenheit geschaffen hat, die, wiewohl erschüttert, heute noch fortbesteht.«[110]

---

109 Die Heimkehr, LVIII.
110 Freud (1933-01), S. 416f.

2.9. *Der Mann Moses und die monotheistische Religion* (1939)

Schon 1914 hatte sich Freud sich mit dem Moses-Thema beschäftigt. In einem anonym veröffentlichten Aufsatz über die Mosesstatue des Michelangelos in der römischen Kirche San Pietro in Vincoli hatte er eine Interpretation der von Michelangelo in seinem Werk verwirklichten Sicht vorgeschlagen.[111]

Ab August 1933 beschäftigte Freud sich erneut mit der Gestalt des Moses und ein Jahr später begann er mit der Niederschrift der ersten Version seines Buches Der Mann Moses und die monotheistische Religion. Im Frühjahr 1937 erschien dann ein erster Aufsatz unter dem Titel »Moses ein Ägypter« und ein halbes Jahr später folgte ein zweiter: »Wenn Moses ein Ägypter war …«.

Nach dem »Anschluß« Österreichs emigrierte Freud im Juni 1938 nach England. Er war weltberühmt und wurde überschwänglich willkommen geheißen, auch von jüdischen und zionistischen Organisationen. Er reagierte zurückhaltend bis ablehnend, wohl ahnend, was ihn erwartete.

---

[111] Freud, 1914-02.

Am 22. Juni 1938, zwei Wochen nach seiner Ankunft in London schrieb Freud an seinen Bruder Alexander:

Ich habe zwei Wochen lang wie ein Schreibkuli gearbeitet, um die Spreu vom Weizen zu sondern und – verzeih' die Entgleisung – letzteren zu beantworten. Zuschriften von Freunden, überraschend viele von Fremden, die nur ihre Freude ausdrücken wollen, dass wir entkommen und jetzt in Sicherheit sind, und nichts dafür verlangen. Ausserdem natürlich die Schaar von Autographenjägern, Narren, Verrückten und Frommen, die Traktate und Evangelien schicken, das Seelenheil retten, die Wege Christi weisen und über die Zukunft Israels aufklären wollen. Und dann noch die gelehrten Gesellschaften, deren Mitglied ich schon bin und die unendlich vielen jüdischen Associations, deren Ehrenmitglied ich werden soll.[112]

Freuds Befürchtung, Ehrenmitglied vieler jüdischer Vereinigungen zu werden, bewahrheitet sich nicht. Denn wenige Wochen nach seiner Ankunft in London erschien sein *Der Mann Moses und die monotheistische Religion*. Es war sein letztes Buch. Seine Bedenken, die Juden könnten beleidigt auf das Buch reagieren, waren berechtigt. Viele hatten ihn vor der Veröffentlichung

---

112 Sigmund Freud an Alexander Freud, 22.6.1938 (SFP).

gewarnt, und nach Erscheinen des Buches gingen ihm Drohungen und auch Beleidigungen zu. So beschimpfte ihn ein Jude aus Boston als Schwachkopf und schloß seinen Brief mit den Sätzen:

> *Renegaten wie Sie hatten wir Tausende. Wir sind froh, daß wir sie wieder losgeworden sind, und wir hoffen auch Sie bald loszuwerden. Es ist nur schade, daß die Gangster in Deutschland Sie nicht in ein Konzentrationslager gesteckt haben. Dort gehören Sie hin.*[113]

Aber wenige Monate vor seinem Tod ließ Freud sich nicht mehr einschüchtern. Über sein Moses-Buch schrieb er:

> *Einen Angriff auf die Religion kann man es nur insofern heißen als ja jede wissenschaftliche Untersuchung eines religiösen Glaubens den Unglauben zur Voraussetzung hat. Wenn man das Buch von diesem Standpunkt aus betrachtet, wird man sagen müssen, da eigentlich nur die Jewry und nicht die Christianity ein Recht hat, sich durch dessen Ergebnisse getroffen zu fühlen. Denn aufs Christentum zielen nur wenige Seitenbemerkungen, die nichts bringen, was nicht längst gesagt worden wäre. Man kann höchstens den alten Spruch zitieren: ›Mitgefangen, mitgehangen.‹*

---

[113] N.N. – Sigmund Freud, 26. 5. 1939 [FML].

Natürlich kränke ich auch meine Volksgenossen nicht gerne. Aber was kann ich dabei machen? Ich habe mein ganzes langes Leben damit ausgefüllt, für das einzutreten, was ich für die wissenschaftliche Wahrheit hielt, auch wenn es für meine Nebenmenschen unbequem und unangenehm war. Ich kann es nicht mit einem Akt der Verleugnung beschließen.[114]

Worum geht es in dem Buch? In erster Linie um das Verständnis der Mechanismen von Religionsgenese. Über die Umstände und Hintergründe dieses Werks schrieb Freud Ende September 1934 an Arnold Zweig:

Ich habe nämlich in einer Zeit relativer Ferien aus Ratlosigkeit, was mit dem Überschuß an Muße anzufangen, selbst etwas geschrieben, und das nahm mich gegen ursprüngliche Absicht so in Anspruch, daß alles andere unterblieb. […] Aber lassen Sie sich erklären, wie das zugeht … Angesichts der neuen Verfolgungen fragt man sich wieder, wie der Jude geworden ist und warum er sich diesen unsterblichen Haß zugezogen hat. Ich hatte bald die Formel heraus. Moses hat den Juden geschaffen, und meine Arbeit bekam den Titel: Der Mann Moses, ein historischer Roman.[115]

---

114 Freud, 1960a, S. 469.
115 Freud, 1968a, S. 102.

Romanhaft ist allerdings nur der erste Teil. In ihm entwickelt Freud die These, daß Moses kein Jude, sondern ein Ägypter war. Daß der Name »Moses« ägyptisch ist, hatten zwar schon andere Leute vor ihm bemerkt, aber aus Respekt vor der biblischen Überlieferung daraus keine weiteren Schlüsse gezogen. Freud untermauert seine These durch eine Analyse des »Mythos von der Geburt des Helden«. Er glaubt, Moses sei ein vornehmer Ägypter gewesen, der von seinen Eltern ausgesetzt wurde. Die Sage habe ihn später zum Juden gemacht.

Im zweiten Teil geht Freud der Frage nach, »was einen vornehmen Ägypter [...] bewegen sollte, sich an die Spitze eines Haufens von eingewanderten, kulturell rückständigen Fremdlingen zu stellen und mit ihnen das Land zu verlassen«[116]. Und Moses wurde nicht nur zum politischen Führer der in Ägypten ansässigen Juden, sondern stiftete ihnen eine neue Religion. Warum? Freud glaubte, Moses sei ein überzeugter Anhänger der Religion Echnatons gewesen, der ursprünglich als Amenophis IV. von 1364 bis 1347 v. Chr. über Ägypten geherrscht und mittels einer Religionsreform den Monotheismus eingeführt hatte. Nach Echnatons Tod setzte eine Art Gegenreformation ein, und Moses sah sich vor die Frage gestellt, entweder zum Wendehals zu

[116] Freud, 1939-03, S. 108.

werden oder zu emigrieren. Als geborener Leader ging er nicht den stillen, einsamen Weg ins Exil, sondern erwählte sich ein Volk, das er mit sich nehmen konnte und das die von ihm so geschätzte Religion Echnatons zu seiner eigenen machen würde: das Volk Israels. Insofern übernahm Moses auch die Rolle des Religionsstifters. Nicht Gott, sondern Moses hat dieses Volk auserwählt. Er wollte es den Ägyptern ebenbürtig machen und aus der Gefangenschaft führen, und dazu sollte auch die neue monotheistische Religion dienen. Nach dem Auszug aus Ägypten kam es nach Freud – der sich auf die Studien des Alttestamentlers Ernst Sellin stützte – zu einigen Aufständen der Israeliten gegen Moses – die Geschichte vom »Tanz um das Goldene Kalb« könnte ein Indiz dafür sein –, als deren Ergebnis Moses schließlich ermordet wurde, so wie der Brüderclan den Urvater ermordet hatte. Die Tatsache, daß der Monotheismus von Moses stammte, wurde in der Folge des Mords verleugnet und den Patriarchen zugeschrieben.

Im dritten Teil beschäftigt sich Freud u. a. mit den Folgen des Mordes für die weitere Religionsgeschichte. Das Schuldbewußtsein der Israeliten wandelte sich schließlich in die Hoffnung, die Tat könne irgendwie ungeschehen gemacht werden – z. B. durch einen Messias. Dieser wurde dann im Christentum ja auch zum Erlöser von den Sünden. Für Freud ist das Christentum somit eine späte Reaktion auf das schlechte Gewissen,

Moses getötet zu haben. Die Verallgemeinerung dieses Akts führt zu einer

> *willkommenen Entschuldigung Gottes. Man verdiente nichts Besseres, als von ihm bestraft zu werden, weil man seine Gebote nicht hielt, und im Bedürfnis, dieses Schuldgefühls, das unersättlich war und aus soviel tieferer Quelle kam, zu befriedigen, mußte man diese Gebote immer strenger, peinlicher und auch kleinlicher werden lassen. In einem neuen Rausch moralischer Askese legte man sich immer neue Triebverzichte auf und erreichte dabei wenigstens in Lehre und Vorschrift ethische Höhen, die den anderen alten Völkern unzugänglich geblieben waren.*[117]

Doch die Juden sind nicht Christen geworden, weil sie durch Moses in ihrem Volkscharakter so stark geprägt wurden, daß sie immer ihre Sonderstellung beibehalten haben. Freud beschreibt diese Charakterzüge ausführlich und hebt besonders Selbstvertrauen, Zähigkeit und Vorliebe für geistige Betätigung hervor. Verbunden mit dem Umstand, daß sich die Juden für das »auserwählte Volk« halten, machte sie das zu einem idealen Sündenbock und führte zum Entstehen des Antisemitismus. Die Christenheit lastete den Juden dann 2000 Jahre lang die Schuld für alle sozialen und natürlichen Übel an.

---

[117] Freud, 1939-03, S. 344f.

3. Der Tod von Tochter und Enkel, der Krebs und das Ende

Der erste Todesfall in Freuds engere Familie war sein Bruder Julius im April 1858. Er wurde gerade einmal knapp sechs Monate alt. Der damals zweijährige Sigmund hatte daran keine bewußten Erinnerungen. Am 3. Oktober 1865 starb Jakob Nathansohn, sein Großvater mütterlicherseits. Freud hatte ihn wenige Tage vorher noch im Krankenhaus besucht.

Abb. 27: Jakob Freud, ca. 1890

Der erste Todesfall eines engen Verwandten, der Freud beschäftigte, war der seines Vaters am 23. Oktober

1896. An seinen Freund Wilhelm Fließ schrieb er eine Woche später:

Auf irgendeinem der dunkeln Wege hinter dem offiziellen Bewußtsein hat mich der Tod des Alten sehr ergriffen. Ich hatte ihn sehr geschätzt, sehr genau verstanden, und er hatte viel in meinem Leben gemacht, mit der ihm eigenen Mischung von tiefer Weisheit und phantastisch leichtem Sinn. Er war lange ausgelebt, als er starb, aber im Innern ist wohl alles Frühere bei diesem Anlaß aufgewacht. Ich habe nun ein recht entwurzeltes Gefühl.[118]

3.1. »[...] da ich im tiefsten ungläubig bin, habe ich niemand zu beschuldigen [...]«

Wirklich einschneidend war der Tod seiner Tochter Sophie am 25. Januar 1920 in Hamburg. Nach einer erneuten Schwangerschaft Sophies war ein Abort vorgenommen worden und nach drei Tagen trat eine Sepsis ein, die zum Tod führte. Am Tag, an dem Freud die Todesnachricht erhielt, sagte er: »Eines ist so herrlich, dass noch niemand weiss, dass die Sophie tot ist. Dann wie man das wissen wird, werden Leute kommen. Und

---

[118] Freud, 1985c, S. 212f.

ich bin so froh, dass ich allein bin.«[119] Von Tag ihres Todes an trug Freud bis zu seinem Lebensende ein kleines Medaillon mit Sophies Bild an seiner Uhrkette. Freud bringt in Zusammenhang mit Sophies Tod auch zum ersten Mal seine Ungläubigkeit ins Spiel:

Abb. 28: Sophie Freud, ca. 1913

Der Todesfall, so schmerzlich er ist, findet doch keine Lebenseinstellung umzuwerfen […,] da ich im tiefsten

---

119 Interview mit Hans Lampl durch Kurt Eissler, 1953, SFP.

ungläubig bin, habe ich niemand zu beschuldigen und weiß, daß es keinen Ort gibt, wo man eine Klage anbringen kann.[120]

Abb. 29: Freud mit seinen Enkeln Ernst und Heinele (links), ca. 1913

Nur drei Jahre später erlag Sophies jüngster Sohn, Freuds Enkel Heinele, den Folgen einer Tuberkulose. Am nächsten Tag schrieb Freud an Sándor Ferenczi »Mein liebes Kind ist gestern gestorben«[121]. Und an seinen Schwiegersohn: »Ich habe hier einige der schwärzesten Tage meines Lebens in Trauer um das Kind ver-

[120] Freud, 1992g, Bd. III/1, S. 51.
[121] Freud, 1992g, Bd. III/1, S. 167.

bracht. Endlich habe ich mich aufgerafft und kann jetzt ruhig an ihn denken und ohne Tränen von ihm reden.«[122]

3.2. Der Krebs

Nur wenige Wochen vor Heineles Tod hatte Freud in seiner Mundhöhle eine kleine Geschwulst entdeckt, die er für Hautkrebs hält. Er behält die Beobachtung einige Wochen für sich, bevor er Anfang April seinen damaligen Hausarzt Felix Deutsch bittet, sich seinen Gaumen einmal anzusehen. Der Arzt hat Angst, Freud werde bei einer Krebsdiagnose Selbstmord begehen und verharmlost die Diagnose zu Leukoplakie, d. h. zu einer durch chronische Reize verursachten Epithelverdickung. Trotzdem raten er und der außerdem hinzugezogene Dermatologe Maxim Steiner zu einer sofortigen Operation, die dann Ende April von dem Rhinologen Marcus Hajek – übrigens einem Schwager Arthur Schnitzler s – so stümperhaft durchgeführt wird, daß Freud fast verblutete. Außerdem war der Krebs durch diese Operation nicht einmal richtig entfernt worden.[123]

Im Oktober 1923 wurde deshalb eine zweite Operation nötig. Sie war viel radikaler, und Freud mußte

---

[122] Freud, 2010e, S. 598.
[123] Schur, 1973, S. 418ff.

fortan eine Prothese tragen, die die entfernten Knochen, Zahn- und Gewebeteile ersetzen soll.[124] In den folgenden 16 Jahren bis zu seinem Tod muß er noch ca. 30 weitere Operationen und Hunderte von Prothesenanpassungen über sich ergehen lassen.

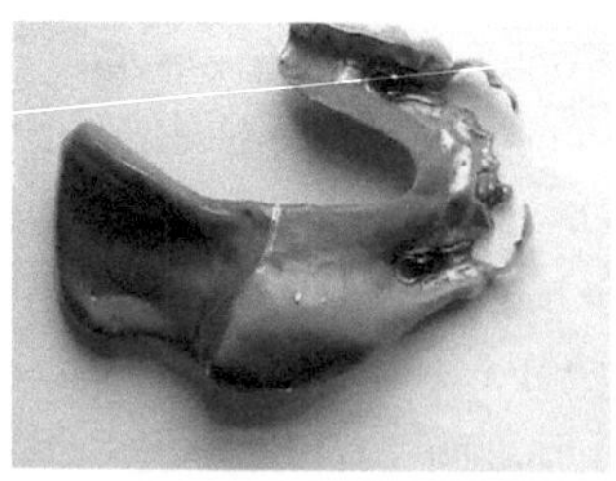

Abb. 30 : Freuds letzte Prothese

Doch im Jahre 1923 war nicht klar, daß Freud noch so lange leben würde; die Ärzte hatten ihm maximal fünf Jahre gegeben[125], und er bereitete sich nun psychisch auf seinen Tod vor. An seine Ärzte hatte er zwei Forderungen: erstens, daß sie ihm keine Schmerzmittel verabreichen[126], und zweitens, daß sie ihm helfen, »mit Anstand aus der Welt zu verschwinden«.[127]

---

124 Kazanjian, 1958 ; Romm, 1983 ; Davenport, 1992 ; Freud, 1996 .

125 Freud, 1996, S. 14.

126 Jones, 1960-1962, Bd. 3, S. 175.

127 Jones, 1960-1962, Bd. 3, S. 113.

Beide Bedingungen sind Ausdruck seiner Angst, in die Defensive gedrängt zu werden, die Initiative zu verlieren und zu einem hilflosen Objekt zu werden: Schmerzmittel wollte er nicht nehmen, damit er einen klaren Kopf behalten und jederzeit bewußte und verantwortliche Entscheidungen treffen kann. Mit seinem späteren Hausarzt Max Schur schließt er sogar einen mündlichen Vertrag über diese Bedingungen und besiegelt ihn per Handschlag.[128] Freud fühlt sich nun beruhigt und konnte sicher sein, die Dinge immer in der Hand zu haben. Sollte er sich irgendwann nicht mehr als Herr der Lage fühlen können oder auch wegen unerträglicher Schmerzen nicht mehr arbeitsfähig sein, dann könnte er selbst den Schlußpunkt setzen. Mit diesem Vertrag sind für Freud die Rahmenbedingungen abgesteckt, innerhalb derer er der Krankheitsentwicklung freien Lauf lassen konnte. Und damit blieb er auch innerlich frei für die Behandlung von Patienten und für seine schriftstellerische Arbeit, die er bis wenige Tage vor seinem Tod fortsetzte.

[128] Schur, 1973, S. 483f.

3.3. Freuds Tod: Lazarus und Sterbehilfe

Mitte Dezember 1938 erhielt Freud von Rachel Berdach deren Buch *Der Kaiser, die Weisen und der Tod* (erschienen unter dem Pseudonym R. Bardi).

Abb. 31: Rachel Berdach
ca. 1905

Rachel Berdach (1878-1961) war Journalistin und Schriftstellerin. Sie wurde am 8. Oktober 1878 in Budapest geboren. Anfang des 20. Jahrhunderts ging sie nach Berlin. Dort kam sie mit der Psychoanalyse in Berührung und wurde Schülerin von Karl Abraham . Sie besuchte das Sanatorium in Tegel, um zu sehen wie dort gearbeitet wird. Ende der 20er Jahre begann sie eine Analyse bei Theodor Reik, die sie auch nach dessen Emigration nach Holland in den Haag fortsetzte. In den Haag begann Berdach die Arbeit an ihrem Buch *Der Kaiser, die Weisen und der Tod.*

Fritz Ungar, der Eigentümer des Wiener Saturn-Verlags, war bereit, das Manuskript zu veröffentlichen. Noch vor dem Druck schickte der das Manuskript an die *Internationale Zeitschrift für Psychoanalyse*, mit der Bitte um eine Besprechung. Die Zeitschrift konnte laut ablehnendem Schreiben »keine Beziehungen zu unseren Interessen« sehen. Die letzten Wochen vor dem »Anschluss« verbrachte in Rachel Berdach in Wien und emigrierte am 13. März 1938 nach London. 1947 ging sie in die Schweiz und ließ sich in Baden bei Zürich nieder, wo sie 1961 starb.[129]

Freud war von Berdachs Buch so stark beeindruckt, daß er ihr nach der Lektüre des Buches am 27. Dezember 1938 antwortete:

Sehr geehrte Frau (oder Fräulein?)

Ihr geheimnisvoll-schönes Buch hat mir in einem Maße gefallen, das mich meines Urteils unsicher macht. Ist es die ergreifende Verklärung jüdischen Lebens, ist es die Überraschung, daß man am Hofe des genialen und gewalttätigen Staufers soviel von

---

[129] Vgl. zu Berdach auch Tögel, 2017 .

den Weisheiten der Psychoanalyse begriffen hat, die mich sagen lassen, daß ich schon lange nichts so Gehaltvolles und poetisch Gelungenes gelesen habe!

Und dabei die Zaghaftigkeit Ihres Briefes! Kann es denn sein, daß Ihre Bescheidenheit Sie den eigenen Wert ganz verkennen läßt? Wer sind Sie? Woher haben Sie all das genommen, was Ihr Buch ausdrückt? Nach dem Vorrang, den Sie dem Problem des Todes einräumen, sollte man erraten, daß Sie sehr jung sind.[130]

Am 22. Januar lud Freud sie schriftlich für den 25. Januar 11.00 vormittags nach Maresfield Gardens ein. Das Gespräch dauerte etwa anderthalb Stunden. Berdach erzählte Freud, daß sie ihn schon in Wien besuchen wollte, es aber wegen der ablehnenden Haltung der Redaktion der *Internationalen Zeitschrift für Psychoanalyse* zu ihrem Buch unterlassen hatte. Freud wiederholte daraufhin mehrmals: »Gnädige Frau! Warum sind Sie denn nicht gekommen? Was hätt' ich für Sie tun können!«.

Freud gab Rachel Berdach für eine geplante englische Übersetzung ihres Buches ein kurzes Vorwort, das er noch während ihres Besuchs formuliert hatte: »Dies fesselnd geschriebene Buch, erfüllt mit alter und neuer Weisheit, durchglüht von der Verklärung menschlichen und jüdischen Leidens, das Werk einer Frau, die viel

---

[130] Freud, 1960a, S. 472.

erlebt und viel vom Leben verstanden hat, sollte auch in unserer schweren Zeit einen Kreis von Lesern finden, die der Dichterin für ihre Gabe zu danken wissen.[131]

Worum geht es in Rachel Berdachs Buch?

Die Handlung ist im 13. Jahrhundert angesiedelt. Die Hauptpersonen sind Kaiser Friedrich der II . und Rabbi Jacob Charif Ben Aron, zwischen dessen Tod und Begräbnis sich die entscheidenden Dialoge im Buch abspielen. So erklärt ein arabischer Arzt einem Bischof, warum er die biblische Geschichte von der Wiedererweckung des Lazarus so schrecklich und abstoßend finde. Es sei furchtbar, dem Tod ein zweites Mal entgegensehen zu müssen. Lazarus sei nach seiner Wiedererweckung dazu verdammt gewesen, mit seinem Wissen von dem, was nach dem Tod kommt, zu leben.

In Rachel Berdach s Buch fällt aber noch ein zweites Moment auf, zu dem es eine – wiederum mit dem Tod verbundene – Parallele gibt: Der Stauferkaiser war exkommuniziert worden, weil er nach seinem Kreuzzug einen Waffenstillstand mit den Mohammedanern geschlossen hatte. Friedrich der II . fragte einen mit ihm eng befreundeten Bischof, ob dieser ihm trotzdem die Sterbesakramente erteilen würde. Der Bischof gab ihm sein Versprechen und er hielt es auch. Freud hatte ja seinem Hausarzt Max Schur ein analoges Versprechen

---

131 SFP.

abgenommen: Sollten seine Schmerzen, unter denen er infolge seines Kieferkrebses und mehr als 30 Operationen litt, nicht mehr zu ertragen sein, erwarte von seinem Arzt, daß dieser ihn durch eine Todesspritze erlöse. Freuds Arzt gab dieses Versprechen und hielt es ebenso, wie der Bischof dem Staufer gegenüber. [132] Drei Wochen vor seinem Tod, Anfang September 1939, begann Freud Balzac s Buch *La peau de chagrin* erneut zu lesen. Es war seine letzte Lektüre. Held des Romans ist ein zum Selbstmord entschlossener Mann, der mit einem magischen Chagrinleder eine Pakt eingeht, der ihm die Erfüllung seiner Wünsche verspricht, dafür aber sein Leben verkürzt.

Die Entscheidung Freuds, den Zeitpunkt seines Todes selbst zu bestimmen, hat ganz essentiell mit seiner Einstellung zu Glauben und Religion zu tun. Es war für Freud immer wichtig, die Kontrolle zu behalten. Er delegierte wenig, und sogar während seiner vielen Reisen ließ er sich täglich berichten, was zu Hause vorging und erteilte auch Anweisungen von unterwegs. Und so wollte er auch nicht die Umstände seines Todes nicht dem »Schicksal« überlassen oder wie die meisten Gläubigen einem Gott.

---

[132] Möglicherweise war an der Einlösung des Versprechens auch Josefine Stross (1901-1995) beteiligt, vgl. Michael Molnar (2023), *Death in the Library* (Manuskript) und Nobus, 2023 .

4. Religion, Politik und Gesellschaft

Freud hat sich Zeit seines Lebens für Politik, das Zeitgeschehen und Geschichte interessiert. Mit acht Jahren las er Adolphe Thiers ' *Konsulat und Kaiserreich.*[133] Als Zehnjähriger erlebte er die Ankunft von Verwundeten des preußisch-österreichischen Krieges auf dem Wiener Nordbahnhof und veranlaßte daraufhin seine Klasse, Charpie zu zupfen. Und im Herbst 1970 studierte er anhand von Landkarten den Verlauf des deutsch-französischen Krieges.[134]

Als Erwachsener wählte er sozialdemokratisch, las regelmäßig die Tageszeitungen und kommentierte in seinen Briefen wichtige politische Ereignisse. In Freuds erhaltenen Kalendereinträgen und Tagebuchnotizen sind wichtige Daten des Zeitgeschehens von ihm notiert worden.[135]

So beschäftigte Freud natürlich auch die Religion in Politik und im öffentlichen Leben. Und da war es in erster Linie die römisch-katholische Kirche, die für Freud und die Psychoanalyse eine nicht ganz unwesentlich Rolle spielte.

---

[133] Freud, 1900-01, S. 182.

[134] Freud-Bernays, 2004, S. 215-217.

[135] Freud, 1996, Freud, 2016 .

Abb. 32: Wilhelm Schmidt, ca. 1930

4.1. »Pater Schmidt … der Vertrauensmann des Papstes«

Freuds Stellung zum Vatikan formuliert er zum ersten Mal während seines ersten Besuchs in Rom im September 1901. An Wilhelm Fließ schreibt er:

> *Es war auch für mich überwältigend und die Erfüllung eines, wie Du weißt, lange gehegten Wunsches […]: ein Höhepunkt des Lebens. Während ich aber ganz und ungestört bei der Antike war, ist mir freier Genuß des zweiten Rom nicht möglich geworden, die Tendenz hat mich gestört, unfähig mein Elend und alles andere, von dem ich weiß, in Gedanken loszuwerden, habe ich die Lüge von der Erlösung der*

Menschheit, die so himmelragend ihr Haupt erhebt, nicht gut vertragen. [136]

Das »zweite Rom« stand für die Zeit vom 5. bis 15. Jahrhundert, als der Patriarch von Konstantinopel das Oberhaupt der orthodoxen und der Papst der katholischen Christenheit waren. Der Papst hat Freud später sogar in einem Traum beschäftigt. Während seines Urlaubs im Tiroler San Martino di Castrozza im Sommer 1913 träumt er Folgendes:

Eines Morgens erwachte ich, es war im Hochsommer in einem tirolischen Höhenort, mit dem Wissen, geträumt zu haben: Der Papst ist gestorben. Die Deutung dieses kurzen, nicht visuellen Traumes gelang mir nicht. Ich erinnerte mich nur der einen Anlehnung für den Traum, daß in der Zeitung kurze Zeit vorher ein leichtes Unwohlsein Sr. Heiligkeit gemeldet worden war. Aber im Laufe des Vormittags fragt meine Frau: ›Hast du heute morgens das fürchterliche Glockenläuten gehört?‹ Ich wußte nichts davon, daß ich es gehört hatte, aber ich verstand jetzt meinen Traum. Er war die Reaktion meines Schlafbedürfnisses auf den Lärm gewesen, durch den die frommen Tiroler mich wecken wollten. Ich rächte mich an ihnen durch die Folgerung, die den Inhalt des

---

[136] Freud, 1985c, S. 493f.

Traumes bildet, und schlief nun ganz ohne Interesse für das Geläute weiter.[137]

Zu diesem Zeitpunkt hatte in Österreich ein Pater Wilhelm Schmidt (1868-1954) bereits begonnen, Aktivitäten zu entfalten. Dieser Pater Schmidt hatte 1906 die Zeitschrift *Anthropos* gegründet, eine internationale Zeitschrift für Völker- und Sprachenkunde. Und 1912 erschien der erste Band seines auf 12 Bände angelegten Werkes *Der Ursprung der Gottesidee. Eine historisch-kritische und positive Studie*. Im Ersten Weltkrieg war er dann Feldkaplan Kaisers Karl I . Im Jahr 1921 wurde er Dozent am Lehrstuhl für Anthropologie und Ethnographie der Universität Wien. 1925 wurde Schmidt in den Vatikan gerufen und 1927 gründete er dort das Museo Missionario-Etnologico. Er leitete es bis 1939. Gleichzeitig war er seit 1931 auch Direktor des Anthropos-Instituts in Mödling bei Wien.

Schmidt kritisierte den französischen Religionsgeschichtler Salomon Reinach (1858–1932) scharf. Freud dagegen schätzte Reinachs Arbeiten sehr, hatte dessen wichtigsten Werke gründlich gelesen, mit zahlreichen Anmerkungen versehen und immer wieder in seinen Schriften zitiert. Und schließlich war Pater Schmidt

---

[137] Freud, 1914-08, S. 195f.

auch Antisemit und rief Weihnachten 1933 dazu auf, jüdische Geschäfte zu boykottieren.[138]

Ebenfalls 1933 begann im Vatikan ein Verfahren, das zum Ziel hatte, die zweite Auflage des Buches *Elementi di Psicoanalisi* von Edoardo Weiss (1888-1967) zu verbieten. Dieses Buch hatte maßgeblich zur Popularisierung der Psychoanalyse in Italien beigetragen. Freud hatte den Verdacht, Pater Schmidt stecke hinter der Aktion:

> *In Rom hat mein braver Edoardo Weiß eine psychoanalytische Gruppe gegründet und mehrere Nummern einer Rivista Italiana die Psicóanalisis herausgebracht. Plötzlich wurde ihm diese Veröffentlichung untersagt, und obwohl Weiss einen guten Zugang zu Mussolini hatte und von ihm eine günstige Zusage erhielt, konnte das Verbot nicht aufgehoben werden. Es soll direkt vom Vatikan ausgehen und der Pater Schmidt dafür verantwortlich sein. Nun darf man wohl erwarten, daß eine Publikation von mir ein gewisses Aufsehen machen und der Aufmerksamkeit des feindlichen Paters nicht entgehen wird. Damit würde man ein Verbot der Analyse in Wien und die Einstellung aller unserer Arbeiten hier riskieren.* [139]

---

[138] Vgl. zu Schmidt auch Pape, 2009 .

[139] Freud, 1968a, S. 103.

Freud täuschte sich hier aber. Obwohl das Buchverbotsverfahren sicher durchaus im Sinne von Pater Schmidt war, hatte er nichts damit zu tun. Das Verfahren wurde 1934 eingestellt, weil die faschistischen italienischen Behörden bereits Ende 1933 die *Rivista italiana die psicoanalisi* verboten hatten.[140]

Die Aktivitäten von Pater Schmidt beschrieb Freud so:

> *Man sagt, daß die Politik unseres Landes von einem Pater Schmidt gemacht wird, der in St. Gabriel bei Mödling lebt, der Vertrauensmann des Papstes ist und zum Unglück selbst ein Ethnolog und Religionsforscher, der in seinen Büchern aus seinem Abscheu vor der Analyse und besonders meiner Totemtheorie kein Geheimnis macht.*[141]

Anfang 1935 hatte Freud aber trotzdem noch die Illusion, daß »nur dieser Katholizismus [...] uns gegen das Nazitum« schützt. Deshalb hielt er sich mit öffentlichen kritischen Äußerungen zur katholischen Kirche zurück. An Lou Andreas-Salomé schrieb er in diesem Zusammenhang:

> *Was die Religion stark macht, ist nicht ihre reale, sondern ihre historische Wahrheit. Und nun sehen*

[140] Rohrbacher, 2020 .
[141] Freud, 1968a, S. 102.

Sie, Lou, diese Formel, die mich ganz fasziniert hat, kann man heute in Österreich nicht aussprechen, ohne von der uns beherrschenden katholischen Übermacht ein staatliches Verbot der Analyse zu erzielen.[142]

Das schärfste Verdikt Freuds zum Vatikan stammt aus dem Jahr 1937. Als der französische Psychoanalytiker René Laforgue (1894-1962) Freud am 14. November besuchte und ihn wegen der Gefahr einer möglichen Okkupation Österreichs durch Hitlerdeutschland zur Emigration bewegen wollte, antwortete dieser

»The Nazis? I am not afraid of them. Help me rather to combat my true enemy.« Astonished, I asked him just which enemy was in question, and I heard him reply: »Religion, the Roman Catholic Church.«[143]

4.2. Palästina: »Heiliger Wahnwitz«

Freud verfolgte die Entwicklung in Palästina mit Interesse, wenn auch mit einer gewissen Ambivalenz.

Am 10. Dezember 1917, einen Tag nach der Besetzung Jerusalems durch britische Truppen, schrieb Freud

[142] Freud, 1966a, S. 224
[143] Laforgue, 1973, S. 343f.

an Karl Abraham : »Eigentlich freut mich jetzt nur die Einnahme von Jerusalem und das Experiment der Engländer mit dem auserwählten Volke.«[144]

Mit »Experiment« meint Freud die am 9. November 1917 veröffentlichte Balfour-Deklaration[145], in der sich Großbritannien einverstanden erklärt, in Palästina eine nationale Heimstätte für das jüdische Volkes zu errichten. Die Rechte bestehender nicht-jüdischer Gemeinschaften sollten gewahrt bleiben. Der Text lautete:

> *Dear Lord Rothschild,*
>
> *I have much pleasure in conveying to you, on behalf of His Majesty's Government, the following declaration of sympathy with Jewish Zionist aspirations which has been submitted to, and approved by, the Cabinet.*
>
> *His Majesty's Government view with favour the establishment in Palestine of a national home for the Jewish people, and will use their best endeavours to facilitate the achievement of this object, it being clearly understood that nothing shall be done which*

---

144 Freud, 2009h, S. 572.

145 Dabei handelt es sich um einen Brief, den der britische Außenminister Arthur Balfour an Lord Walter Rothschild, einem Führer der British Jewish community, geschrieben hatte.

may prejudice the civil and religious rights of existing non-Jewish communities in Palestine, or the rights and political status enjoyed by Jews in any other country.

I should be grateful if you would bring this declaration to the knowledge of the Zionist Federation.

Ihr ergebener Arthur Balfour[146]

Acht Jahre später, Anfang Januar 1925, erhielt Freud eine Einladung für die am 1. April geplante Eröffnung der Hebrew University in Jerusalem.[147] Er mußte aber aus gesundheitlichen Gründen absagen. Am 27. März schickte Freud dann an das Kuratorium der Hebrew University in Jerusalem eine Grußadresse anläßlich deren offizieller Eröffnung, die im offiziellen Band zur »Inauguration« neben Grußadressen von Einstein, der Harvard University, der Royal Society u.a. abgedruckt wurde.[148]

Auf der Eröffnungsveranstaltung sprachen u.a. Arthur Balfour (1848-1930) und Chaim Weizmann (1874-1952).

---

146 Schneer, 2010, S. 436.

147 Die Einladung kam wohl auf Initiative von Rabbi Hirsch Chajes (1876-1927) zustande. Er war seit 1918 Oberrabbiner von Wien und stammte aus Brody, dem Geburtsort von Freuds Mutter, Andreas-Salomé, 1895, S. 184; vgl auch Anna Freud an Max Eitingon, 14.1.1925 (SFP).

148 Freud, 1925-03, S. 99-101.

פרופ׳ זיגמונד פרויד

Professor Sigmund Freud

Die Historiker haben uns gesagt, dass unser kleines Volk die Vernichtung seiner staatlichen Selbstständigkeit nur dadurch überstanden hat, dass es darauf die höhere Wertung auf seine geistigen Güter, seine Religion und sein Schrifttum zu verlegen begann.

Nun erleben wir, dass dieses Volk die Aussicht seinen väterlichen Boden mit Hilfe einer weltbeherrschenden Macht wieder zu gewinnen, feiert durch die Gründung einer Universität in seiner alten Hauptstadt.

Eine Universität ist eine Stätte, an der die Wissenschaft gelehrt wird, die sich über alle Unterschiede der Religionen und der Nationen hinaussetzt, an der die Forschung betrieben wird, die der Menschenart zeigen soll, inwieweit sie die uns umgebende Natur verstehen und sich unterwerfen kann.

Ein solches Unternehmen ist ein ehrenvolles Zeugnis für

Abb. 33: Freuds Grußadresse

Wenige Wochen vorher hatte Freud an Oscar Grün (1890–1953), den Herausgeber der Wochenzeitung *Jüdische Presszentrale Zürich* über seine Stellung zum Judentum geschrieben:

> *… Ich kann sagen, daß ich der jüdischen Religion so ferne stehe wie allen anderen Religionen, das heißt, sie sind mir als Gegenstand wissenschaftlichen Interesses hochbedeutsam, gefühlsmäßig bin ich an ihnen nicht beteiligt. Dagegen habe ich immer ein starkes Gefühl von Zusammengehörigkeit mit meinem genährt. Wir sind alle in der jüdischen Konfession verblieben.*

Meine Jugend fiel in eine Zeit, da unsere freisinnigen Religionslehrer keinen Wert auf die Erwerbung von Kenntnissen in der hebräischen Sprache und Literatur bei ihren Schülern legten, eine Bildung ist daher auf diesem Gebiete recht zurückgeblieben, was ich später oftmals bedauert habe. Ihr Freud.[149]

Der Anlaß war folgender: Die Zeitung hatte am 15. Januar 1925 begonnen, eine Reihe unter dem Titel »Jüdische Persönlichkeiten in Vergangenheit und Gegenwart« zu veröffentlichen. Als erster wurde Moses Maimonides vorgestellt, als zweiter Arthur Schnitzler und der dritte war Sigmund Freud. Oscar Grün hatte sich in diesem Zusammenhang mit der Bitte an Freud gewandt, ihm Auskünfte über seine Beziehungen zum Judentum zu geben.

Und kurz nach seinem siebzigsten Geburtstag, der weltweit gefeiert wurde, schrieb Freud an Marie Bonaparte :

Die jüdischen Vereine in Wien und draußen, die Universität in Jerusalem (zu deren Kuratorium ich gehöre), kurz die Juden überhaupt haben mich wie einen Nationalheros gefeiert, obwohl mein Verdienst um die jüdische Sache sich auf den einen Punkt

149 Freud, 1925-02, S. 95-97.

beschränkt, daß ich mein Judentum nie verleugnet habe.[150]

Seine Einstellung zur Gründung eines jüdischen Staates in Palästina begann sich aber allmählich zu ändern. Mitte Februar 1930 hatte Chaim Koffler (1885-1944), Vertreter von Keren Hayesod, einer zionistischen Organisation, die Geld für dem damaligen palästinensischen Stiftungsfonds sammelte, Freud aufgefordert, eine Petition zugunsten jüdischer Einwanderung nach Palästina zu unterzeichnen. Anlass »war ein arabischer Aufruhr, der im Sommer 1929 stattgefunden hatte. Die Unruhen, in deren Verlauf mehr als hundert Palästinenser und etwa eine gleich große Anzahl von Juden den Tod fanden, darunter solche, deren Familien seit Generationen friedlich in Hebron mit arabischen Nachbarn zusammen gelebt hatten [...], waren durch einen Marsch von Mitgliedern der rechtsradikalen zionistischen ›Betar‹-Gruppe zur Klagemauer ausgelöst worden. Sie hatten freien Zugang (durch das muslimische Viertel) zur Mauer, die Zerstörung einer Moschee

---

150 »Les associations juives à Vienne et, à l'extérieur, l'université de Jérusalem (dont je suis membre du curatoire), bref, les juifs en général, m'ont célébré comme un héros national, bien que mes mérites à l'égard de la cause juive se limitent à un seul point, le fait que je n'ai jamais renié mon judaïsme.«, Freud, 2022, S. 81.

neben der Mauer und die Wiedererrichtung des jüdischen Tempels gefordert.«[151]

Freud antworte Koffler am 26. Februar. Er

> *glaube […] nicht, daß Palästina jemals ein jüdischer Staat werden kann und daß die christliche wie die islamitische Welt je bereit sein werden, ihre Heiligtümer jüdischer Obhut zu überlassen. Mir wäre es verständiger erschienen, ein jüdisches Vaterland auf einem historisch unbelastetem Boden zu gründen; ich weiß zwar, daß man für eine so rationelle Absicht nie die Begeisterung der Massen und die Mittel der Reichen gewonnen hätte. Auch gebe ich mit Bedauern zu, daß der wirklichkeitsfremde Fanatismus unserer Volksgenossen sein Stück Schuld trägt an der Erweckung des Mißtrauens der Araber. Gar keine Sympathie kann ich für die mißgeleitete Pietät aufbringen, die aus einem Stück der Mauer des Herodes eine nationale Reliquie macht und ihretwegen die Gefühle der Einheimischen herausfordert.*[152]

Am 8. Mai 1932 schrieb Freud an Arnold Zweig, der bereits mit dem Gedanken spielte nach Palästina auszuwandern:

---

[151] Nitzschke, oJ, S. 17f.
[152] Freud, 1973b, S. 17.

... Palästina hat nichts gebildet als Religionen, heiligen Wahnwitz, vermessene Versuche, die äußere Scheinwelt durch die innere Wunschwelt zu bewältigen ...«[153]

Kurz nachdem Freud Österreich verlassen hatte und in London eingetroffen war, erhielt er von Israel Cohen (1879-1961), dem Generalsekretär der zionistischen Weltorganisation, ein Begrüßungsschreiben, in dem die Bitte eingeschlossen war, Freud möge die Sammlung von Geld für jüdische Siedler in Palästina zu unterstützen. Am nächsten Tag, dem 14. September 1938 antwortete Freud, ohne auf die Bitte einzugehen:

Sehr geehrter Herr,

Dem Dank für Ihren Willkommensgruß in England füge ich die Bitte an, mich nicht wie einen ›Leader in Israel‹ behandeln zu wollen. Ich möchte nur als bescheidener Wissenschaftler betrachtet werden und in keiner anderen Weise hervortreten. Obwohl ein guter Jude, der das Judentum nie verleugnet hat, kann ich doch nicht übersehen, daß meine absolut negative Einstellung zu jeder Religion, auch der jüdischen, mich von der Mehrzahl unserer Genossen absondert

---

[153] Freud (1968a), S. 51.

und mich für die Rolle, die Sie mir zuweisen wollen, ungeeignet macht.

Ihr sehr ergebener
Freud[154]

4.3. Freud und B'nai B'rith

Die Vereinigung B'nai B'rith (»Söhne des Bundes«) war 1843 in New York gegründet worden. 1889 wurde dann in Wien ein »österreichisch-israelitischer Humanitätsverein B'nai B'rith« gegründet und 1895 wurde die Ortsvereinigung »Wien« ins Leben gerufen, deren Mitglied Freud im Herbst 1897 wurde. Die wichtigsten Ideale der Organisation waren Toleranz und Humanität. Außerdem wollte sie innerhalb des Judentums Bildungsarbeit betreiben. So läßt sich erklären, wieso Freud zwischen 1897 und 1917 in B'nai B'rith zwanzig Vorträge hielt – soviel wie in keinem anderen Verein, Klub oder Kollegium.

Trotzdem bewahrte Freud immer eine gewisse Distanz zu B'nai B'rith. So schrieb er am 29. Dezember 1897 über den zweiten Teil eines Vortrags über Traumdeutung, der er vor den Bundesbrüdern gehalten hate, an seinen Freund Wilhelm Fließ :

---

[154] Freud, 1954e

Mein zweiter und letzter Traumvortrag ist auch unter begeistertem Jubel der Juden vorübergegangen. Nachher fragte mich ein begeisterter Hörer, ob auch die ganz sinnlosen Träume so deutbar sind. Das ist der Wert der populären Vorträge. Ein Arzt und Kollege hätte nicht dümmer fragen können.[155]

1902 besuchte Freud einen Vortrag von Max Grunwald (1871-1953) über Hermann Sudermann s Drama *Johannes*. Grunwald war Rabbiner aus Hamburg und Bekannter von Freuds Schwiegermutter Emmeline Bernays. Beim anschließenden Abendessen provoziert Freud Grunwald mit kritischen Äußerungen zur Religion. Grunwald schreibt dazu:

Following my lecture we all sat down to a friendly meal. Freud acted as the host of this gathering. He expressed various thoughts about the subject of my talk and made several jokes related to religion. He suggested that many Jews resembled Yohanan the Convert: shaggy coats, unkempt hair, mysterious face. Freud preferred the man in the elegant tuxedo to the one dressed like a prophet. I thought to myself: how far has this man drifted from Jewish life that he can't accept the oriental trappings of his ancestors?[156]

---

[155] Freud, 1985c, S. 317.
[156] Grunwald, 1941, S. 119.

Im Frühjahr 1904 hielt Freud in B'nai B'rith einen Vortrag über Hammurabi als Gesetzgeber . Angeregt wurde er durch Friedrich Delitzschs *Babel und Bibel* und vermutlich auch durch David Müller s *Die Gesetze Hammurabis und ihr Verhältnis zur mosaischen Gesetzgebung.*

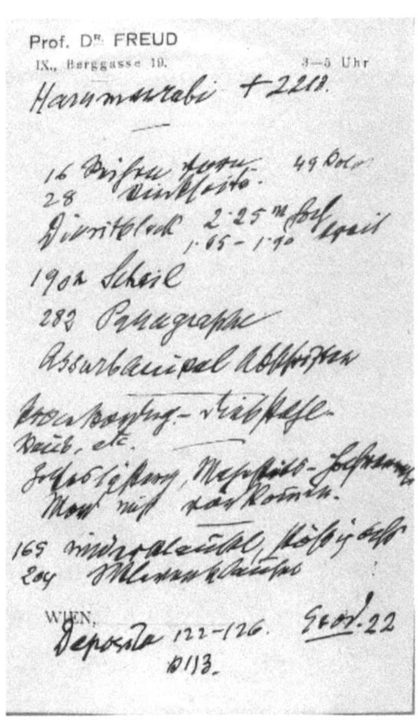

Prof. Dr. FREUD
IX., Berggasse 19. 3–5 Uhr
WIEN,

Abb. 34: Notizen Freuds zu Hammurabi

Freud hatte allerdings die Abbildung von Hammurabis Gesetzestafeln vergessen, und Max Grunwald, der wiederum anwesend war, interpretierte diese Fehlleistung als Ausdruck von Freuds schlechtem Gewissen, daß er Hammurabi höher als Moses eingeschätzt habe.[157]

Und schließlich erwähnt Grunwald eine Diskussion im Anschluss an einen von ihm gehaltenen Vortrag über Jüdische Bildung. Freud habe behauptet, daß Juden keinen wesentlichen Beitrag zu unserem Wissen geleistet haben. Grunwald fährt dann fort:

> *The well known dermatologist, Prof. Salomon Ehrmann, a colleague of Freud at the University, then took advantage of the deadly silence that followed Freud's attack on Judaism to reply. I was not surprised by Freud's attack since in certain circles in Vienna ›Jews without any respect for their ancestors‹ amused themselves in self-destructive activities. Arman stated that while we Jews perhaps did not invent the generator or the auto, we did give to the world the ›Tanach‹[158] and with it God.*[159]

Der Großpräsident des Verbandes der israelitischen Humanitätsvereine in Österreich, Salomon Ehrmann (1854-1926), war mit Freud seit der Studienzeit befreundet. Ehrmann hielt am 8. Mai 1926 auch eine Ansprache auf der Festsitzung des B'nai B'rith anläßlich des 70. Geburtstags von Freud.

---

[157] Ebenda.

[158] Die hebräische Bibel.

[159] Grunwald, 1941, S. 119.

In einer von Bruder Alexander verlesenen Dankesrede sagte Freud u.a.:

Was mich ans Judentum band, war – ich bin schuldig, es zu bekennen – nicht der Glaube, auch nicht der nationale Stolz, denn ich war immer ein Ungläubiger, bin ohne Religion erzogen worden, wenn auch nicht ohne Respekt vor den ›ethisch‹ genannten Forderungen der menschlichen Kultur. Ein nationales Hochgefühl habe ich, wenn ich dazu neigte, zu unterdrücken mich bemüht, als unheilvoll und ungerecht, erschreckt durch die warnenden Beispiele der Völker, unter denen wir Juden leben. Aber es blieb genug anderes übrig, was die Anziehung des Judentums und der Juden unwiderstehlich machte, viele dunkle Gefühlsmächte, umso gewaltiger, je weniger sie sich in Worten erfassen liessen, ebenso wie die klare Bewusstheit der inneren Identität, die Heimlichkeit der gleichen seelischen Konstruktion. Und dazu kam bald die Einsicht, dass ich nur meiner jüdischen Natur die zwei Eigenschaften verdankte, die mir auf meinem schwierigen Lebensweg unerlässlich geworden waren. Weil ich Jude war, fand ich mich frei von vielen Vorurteilen, die andere im Gebrauch ihres Intellekts beschränkten, als Jude war ich dafür vorbereitet, in die Opposition zu gehen und auf das Einvernehmen mit der ›kompakten Majorität‹ zu verzichten.

So wurde ich also einer der Ihrigen, nahm Anteil an Ihren humanitären und nationalen Interessen, gewann Freunde unter Ihnen und bestimmte die wenigen Freunde, die mir geblieben waren, in unsere Vereinigung einzutreten. Es kam ja garnicht in Frage, dass ich Sie von meinen neuen Lehren überzeuge, aber zu einer Zeit, da in Europa niemand auf mich hörte und ich auch noch in Wien keine Schüler hatte, schenkten Sie mir eine wohlwollende Aufmerksamkeit. Sie waren mein erstes Auditorium.[160]

[160] Freud, 1960a, S. 381.

Abb. 35: Freud 1926, Radierung von Ferdinand Schmutzer

Epilog: Sigmund Freud und Charlie Hebdo

Ich habe in diesem Büchlein versucht, die Entstehung und Entwicklung von Freuds Religionsverständnis nachzuzeichnen und mich dabei jeder Bewertung enthalten. In diesem Epilog sei es mir jedoch gestattet, auf eine Aussage Freuds im Zusammenhang mit dem Attentat auf die französische Zeitschrift Charlie Hebdo einzugehen.

2012 veröffentlichte Charlie Hebdo Karikaturen des Propheten Mohammed. Wenig später wurde der Chefredakteur Stéphane Charbonnier wegen Verbrechen gegen den Islam in einer Al-Quaida nahestehenden Zeitschrift »zur Fahndung« ausgeschrieben. Begleitet wurde der Aufruf durch Sätze wie »Eine Kugel am Tag schützt vor Ungläubigen« und »Verteidigt den Propheten Mohammed«.[161]

Aber Charbonnier ließ sich nicht einschüchtern. In einem Radio-Interview sagte er: »Wir veröffentlichen Karikaturen über jeden und alles jede Woche. Wenn es aber um den Propheten geht, wird es Provokation genannt. Erst darf man nicht Mohammed zeichnen,

---

161 Dashiell Bennett: Look Who's on Al Qaeda's Most-Wanted List, thewire.com vom 1. März 2013.

dann nicht mehr einen radikalen Muslim, und jedes Mal wird es heißen: Das ist eine Provokation für einen Muslim. Ist die Pressefreiheit eine Provokation?«[162]

2015 wurde Charbonnier und elf weitere Mitarbeiter der Zeitschrift von Islamisten erschossen.

* * *

Freud hat immer deutlich gemacht, daß seine Religionskritik nicht gegen eine bestimmte Religion gerichtet ist, sondern gegen jegliche Religion, deren »letzter Grund [...] die infantile Hilfslosigkeit [ist ...].«[163]

Der Islam erscheint nur indirekt bei Freud, so z.B. in einem Brief von 1930 an Chaim Koffler von der Jewish Agency. Freud antworte auf eine Bitte Kofflers, den Zionismus zu unterstützen:

> *Ich kann das nicht tun, was Sie wünschen. [...] Wer eine Menge beeinflussen will, muß ihr etwas Volltönendes, Enthusiastisches zu sagen haben und das gestattet meine nüchterne Beurteilung des Zionismus nicht. Ich habe gewiß die besten Sympathien für seine Bestrebungen, bin stolz auf unsere Universität in Jerusalem und freue mich des Gedeihens unserer*

162 »Charlie Hebdo«: Pariser Satire-Zeitung zeigt neue Mohammed-Karikaturen. In: Spiegel Online. 19. September 2012.

163 Freud, 1974a, S. 312.

Siedlungen. Aber anderseits glaube ich nicht, daß Palästina jemals ein jüdischer Staat werden kann und daß die christliche wie die islamitische Welt je bereit sein werden, ihre Heiligtümer jüdischer Obhut zu überlassen. Mir wäre es verständiger erschienen, ein jüdisches Vaterland auf einem historisch unbelastetem Boden zu gründen; ich weiß zwar, daß man für eine so rationelle Absicht nie die Begeisterung der Massen und die Mittel der Reichen gewonnen hätte. Auch gebe ich mit Bedauern zu, daß der wirklichkeits-fremde Fanatismus unserer Volksgenossen sein Stück Schuld trägt an der Erweckung des Mißtrauens der Araber. Gar keine Sympathie kann ich für die mißgeleitete Pietät aufbringen, die aus einem Stück der Mauer des Herodes eine nationale Reliquie macht und ihretwegen die Gefühle der Einheimischen herausfordert.[164]

Für die Probleme, die aus religiösem Fanatismus erwachsen, hatte Freud eine Lösung: In seinem 1927 erschienenen Werk *Die Zukunft einer Illusion* stellte er die These auf, »daß es eine größere Gefahr für die Kultur bedeutet, wenn man ihr gegenwärtiges Verhältnis zur Religion aufrecht hält, als wenn man es löst.«[165] Für die Zukunft der Kultur, sprich Zivilisa-

---

164 Freud, 1973b, S. 17.
165 Freud, 1927-03, S. 480.

tion, setzte Freud auf Rationalität, Wissenschaft und Religionsentzug. Langfristig, so glaubte er, werde sich die Vernunft gegen die Religion durchsetzen. Er formuliert diese Überzeugung in dem Satz: »[...] die Stimme des Intellekts ist leise, aber sie ruht nicht, ehe sie sich Gehör geschafft hat.«[166]

Freud wußte zwar, daß im Namen aller großen Religionen Kriege geführt und Verbrechen begangen wurden. Er hätte es aber wohl nicht für möglich gehalten, daß im Namen einer Religion das World Trade Center vernichtet, die Führungsmannschaft einer Satirezeitschrift ermordet und ein französischer Mittelschullehrer enthauptet werden würde.

Wäre Freud Zeuge dieser Entwicklung geworden, hätte er mit noch größerem Nachdruck die Verbannung jeglicher Religion aus dem öffentlichen Leben gefordert.

---

166 Freud, 1927-03, S. 496.

Chronologie zu Freuds Beschäftigung mit Religion

1858/1859

Freuds Kinderfrau erzählt ihm »vom lieben Gott und von der Hölle« und hat ihn »in alle Kirchen getragen«. Zu Hause predigte und erzählte Sigmund, »wie der liebe Gott macht.«

1866

Freuds Vater erzählt seinem Sohn von der Erniedrigung durch einen Christen.

1869

Freud liest einen Aufsatz von Ludwig Börne, der das Christentum scharf kritisiert.

1873

Freud beginnt, sich mit Darwin zu beschäftigen und besucht Sonntagsvorlesungen von Carl Brühl.

1874 September 18

Freud formuliert eine ironische Religionskritik, u.a. mit der Bemerkung, daß »sich gewisse Feiertage durch eine besondere religiöse Wirkung auf die Unterleibsorgane auszeichnen.«

1874 November

Freud besucht ein Kolloquium Franz Brentanos über »Das Dasein Gottes« und liest die religionskritischen Schriften von Ludwig Feuerbach.

1883 September 16

Freud ist auf der Beerdigung von Nathan Weiss und schreibt über die Worte des Trauerredners: »Dabei sprach er mit der gewaltigen Stimme des Fanatikers, mit der Glut des wilden, erbarmungslosen Juden. Wir waren alle erstarrt vor Empörung und Scham vor den Christen, die unter uns waren. Es war, als ob wir ihnen ein Recht gegeben hätten zu glauben, daß wir den Gott der Rache, nicht der Liebe anbeten.«

1883 Oktober Anfang

Freud ignoriert das jüdische Neujahrsfest und verweigert trotz Aufforderung durch seinen Religionslehrer seiner Schwiegermutter aus diesem Anlass eine Brief zu schreiben.

1883 November 29

Freud schickt seiner Verlobten Martha die Übersetzung eines Abschnitts aus John Stuart Mills *Autobiography*, mit dem einleitenden Satz: »Ich wurde von Anfang an ohne Religion in der gewöhnlichen Bedeutung des Wortes erzogen.«

1884 Mai 15

Freud ist auf der Hochzeit seines Freundes Josef Paneth mit Sophie Schwab. Er ärgerte sich »furchtbar über die ganze Barbarei und daß zwei brave Menschen in dem Moment, wo sie wirklich bewegt sind und mehr sein wollen, die religiöse Heuchelei hinunterwürgen müssen, und dachte nach, wie ich das mir ersparen könnte.«

1886 März 23

Freud verletzt im Beisein von jüdischen Verwandten Marthas bewußt die koscheren Essensregeln und verlangt »nach der Fleischspeise Käse«.

1886 September 14

Freud heiratet in Hamburg nach jüdischem Zeremoniell, beugte sich aber damit nur den gesetzlichen Bestimmungen in Österreich, die ihn zu einer Trauung mit göttlichem Segen zwangen. Eine standesamtliche Eheschließung allein wäre in Österreich nicht anerkannt worden.

1886 Oktober 1

Es ist ein Freitag und der erste Tag der jungen Eheleute in ihrer neuen Wohnung. Freud hat keine Sabbatkerzen gekauft, da er religiöse Rituale verabscheute. Martha ist tief getroffen.

1889 Dezember 7

Geburt von Freuds Sohn Martin, er wird nicht beschnitten, wie auch später die Söhne Oliver (geb. 1891) und Ernst (geb. 1892).

1901 September

Während eines Rombesuchs kann Freud die byzantischen Stätten nicht richtig genießen, weil er »die Lüge von der Erlösung der Menschheit, die so himmelragend ihr Haupt erhebt, nicht gut« verträgt.

1907

Freuds Artikel »Zwangshandlungen und Religionsübungen« erscheint. Darin interpretiert er die Religion als »universelle Zwangsneurose«.

1910 Januar 2

Freud erkennt »als letzte[n] Grund des Bedürfnisses nach Religion die *infantile Hilfslosigkeit*« des Menschen.

1913 August

Freud hat einen Traum vom »Tod des Papstes«.

1913 November

Freuds Buch *Totem und Tabu* erscheint. Hier entwickelte er seine Ideen von der Ähnlichkeit zwischen der Religion und den Bräuchen »primitiver« Völker und den unbewußten Phantasien seiner neurotischen Patienten.

1916

Freud interpretiert Sophokles' Tragödie *König Ödipus* als ein »im Grunde [...] unmoralisches Stück«, das »die sittliche Verantwortlichkeit des Menschen« aufhebt«, »göttliche Mächte als die

Anordner des Verbrechens« und »die Ohnmacht der sittlichen Regungen des Menschen, die sich gegen das Verbrechen wehren« zeigt.

1919

Freud schreibt eine Vorrede zu Theodor Reik's Buch *Probleme der Religionspsychologie.*

1920 Februar 4

10 Tage nach dem Tod seiner Tochter Sophie schrieb Freud über seine Gefühle an Sándor Ferenczi: »Der Todesfall, so schmerzlich er ist, findet doch keine Lebenseinstellung umzuwerfen [...]; da ich im tiefsten ungläubig bin, habe ich niemand zu beschuldigen und weiß, daß es keinen Ort gibt, wo man eine Klage anbringen kann.«

1923 April 7

Nach einer Diagnose, die Freud als Krebsverdacht deutete, bittet er seinen behandelten Arzt, ihm zu helfen »mit Anstand von dieser Welt zu verschwinden«, falls ihm eine längere Leidenszeit bevorstünde.

1926 Mai 8

In einer Ansprache aus Anlaß einer Festveranstaltung von B'nai B'rith zu seinem 70. Geburtstag sagt Freud: »Was mich ans Judentum band, war – ich bin schuldig, es zu bekennen – nicht der Glaube, auch nicht der nationale Stolz, denn ich war immer ein Ungläubiger, bin ohne Religion erzogen worden, wenn auch nicht ohne Respekt vor den ›ethisch‹ genannten Forderungen der menschlichen Kultur.«

1927 Oktober

Freuds Buch *Die Zukunft einer Illusion* erscheint. Seine Hoffnung, daß die Vernunft sich gegen die Religion durchsetzen werde formuliert er dort so: »[...] die Stimme des Intellekts ist leise, aber sie ruht nicht, ehe sie sich Gehör geschafft hat.«

1930

Freud schreibt eine Vorrede zur hebräischen Ausgabe von *Totem und Tabu.*

1932 Mai 8

Freud schreibt an Arnold Zweig aus Anlaß von dessen ersten Besuch in Palästina: »... Palästina hat nichts gebildet als Religionen, heiligen Wahnwitz, vermessene Versuche, die äußere Scheinwelt durch die innere Wunschwelt zu bewältigen ...«

1933

In seiner Schrift »Über eine Weltanschauung« vertritt Freud u.a. den Standpunkt: »Von den drei Mächten, die der Wissenschaft Grund und Boden bestreiten können, ist die Religion allein der ernsthafte Feind.«

1935 Januar

Freud glaubt, dass er seine Kritik der Religion, nicht öffentlich äußern könne, »ohne von der uns beherrschenden katholischen Übermacht ein staatliches Verbot der Analyse zu erzielen.«

1937 November

Wegen der Gefahr einer möglichen Okkupation Österreichs durch Hitlerdeutschland von Freunden zur Emigration gedrängt, äußert Freud, das nicht die Nazis, sondern die katholische Kirche sein Feind sei.

1938 September 14

Freud glaubt, daß seine »absolut negative Einstellung zu jeder Religion, auch der jüdischen, mich von der Mehrzahl unserer Genossen absondert«.

1938 Dezember

Freuds liest Rachel Berdach's Buch *Der Kaiser, die Weisen und der Tod.* Darin tritt u.a. ein Arzt auf, der die biblische Geschichte von der Wiedererweckung des Lazarus schrecklich und abstoßend findet, weil es furchtbar sei, dem Tod ein zweites Mal entgegensehen zu müssen.

1939 März

Freuds Buch *Der Mann Moses und die monotheistische Religion* erscheint. Er entwickelt hier u.a. die These, die Juden hätten Moses ermordet, »so wie der Brüderclan den Urvater ermordet hatte«. Das Schuldbewußtsein der Israeliten wandelte sich schließlich in die Hoffnung, die Tat könne irgendwie ungeschehen gemacht werden – z. B. durch einen Messias. Dieser wurde dann im Christentum ja auch zum Erlöser von den Sünden. Für Freud ist das Christentum somit eine späte Reaktion auf das schlechte Gewissen, Moses getötet zu haben.

1939 Sept. 21

Freud bittet seinen Arzt Max Schur, seinem Leiden ein Ende zu machen. Nach eineinhalbtägigen Koma in Folge zweier Morphium-Injektionen stirbt Freud am 23. September .

Literatur

Freuds Werke werden zitiert nach der Sigmund-Freud-Gesamtausgabe (SFG) in 23 Bänden. Hg. Von Christfried Tögel. Giessen: Psychosozial-Verlag 2015-2023, seine Briefe nach der den von Strachey eingeführten und von Meyer-Palmedo & Fichtner, 1989 (bzw. Fichtner & Hirschmüller, 2013) fortgeführten Bibliographie.

Andreas-Salomé, Lou. 1895. *Papers of Lou Andreas-Salomé.*

Behling, Katja. 2002. *Martha Freud. Die Frau des Genies.* Berlin: Aufbau Taschenbuch Verlag.

Börne, Ludwig. 1868. *Gesammelte Schriften in 12 Bänden.* Wien: Tendler & Comp. (Julius Grosser).

Brämer, Andreas. 2000. *Judentum und religiöse Reform. Der Hamburger Israelitische Tempel 1817–1938.* Hamburg: Dölling und Gallitz Verlag.

Brämer, Andreas. 2006. Isaak Bernays. In K. Heinsohn (Ed.), *Das Jüdische Hamburg. Ein historisches Nachschlagewerk.* Göttingen: Wallstein Verlag.

Clark, Ronald. 1980. *The Man and the Cause.* New York: Random House.

Collard, Christopher. 2004. Oedipus. In C. Collard & M. Cropp & J. Gilbert (Eds.), *Euripides: Selected Fragmentary Plays,* . Volume II. Warminster: Aris & Phillips, S. 115–132.

Davenport, John. 1992. The Prosthetic Care of Sigmund Freud. *Dental History,* 7: 205-207.

Fichtner, G. & Hirschmüller, A. 2013. *Freud-Bibliographie. Ergänzungen zur zweiten Auflage von 1999.* http://www.iegm.uni-tuebingen.de/images/ pdf/freud_bibliographie_2013.pdf.

Freud-Bernays, Anna. 1989. Mein Bruder Sigmund Freud (1940). *Luzifer-Amor*, 2(3): 139-145.

Freud-Bernays, Anna. 2004. *Eine Wienerin in New York. Die Erinnerungen der Schwester Sigmund Freuds*. Hg. von Christfried Tögel. Berlin: Aufbau-Verlag.

Freud, Sigmund. 1900-01. *Die Traumdeutung*. SFG, Bd. 7.

Freud, Sigmund. 1906-04. *Antwort auf eine Rundfrage: Vom Lesen und von guten Büchern*. SFG, Bd. 7.

Freud, Sigmund. 1907-03. *Zwangshandlungen und Religionsübung*. SFG, Bd. 11.

Freud, Sigmund. 1913-01. *Totem und Tabu*. SFG, Bd. 13.

Freud, Sigmund. 1914-02. *Der Moses des Michelangelo*. SFG, Bd. 14.

Freud, Sigmund. 1914-06. *Zur Psychologie des Gymnasiasten*. SFG, Bd. 14.

Freud, Sigmund. 1914-08. *Die Traumdeutung*. Vierte, vermehrte Auflage. SFG, Bd. 14.

Freud, Sigmund. 1916/17-01. *Vorlesungen zur Einführung in die Psychoanalyse*. SFG, Bd. 15.

Freud, Sigmund. 1920-02. *Zur Vorgeschichte der analytischen Technik*. SFG, Bd. 16.

Freud, Sigmund. 1925-02. *Brief an den Herausgeber der Jüdischen Presszentrale*. SFG, Bd. 18.

Freud, Sigmund. 1925-03. *To the Opening of the Hebrew University*. SFG, Bd. 18.

Freud, Sigmund. 1925-04. *Sigmund Freud (»Selbstdarstellung«)*. SFG, Bd. 18.

Freud, Sigmund. 1927-03. *Die Zukunft einer Illusion*. SFG, Bd. 18.

Freud, Sigmund. 1934-02. *Vorrede zur hebräischen Ausgabe von Totem und Tabu*. SFG, Bd. 20.

Freud, Sigmund. 1939-03. *Der Mann Moses und die monotheistische Religion.* SFG, Bd. 20.

Freud, Sigmund. 1940-01. *Abriss der Psychoanalyse.* SFG, Bd. 20.

Freud, Sigmund. 1954e. Brief an Israel Cohen (14.6.1938) [in engl. Übers.], in: Hamazkir [Cohen, Israel], A letter from Freud, Jewish Observer and Middle East Review, Bd. 3 (1954), Nr. 23, S. 10. Der deutsche Originalwortlaut in *GW*, Nachtragsband, S. 775.

Freud, Sigmund. 1956l. *Briefe an Theodor Reik. In: Reik, Theodor, Dreißig Jahre mit Sigmund Freud. Mit bisher unveröffentlichten Briefen von Sigmund Freud an Theodor Reik.* München: Kindler 1976.

Freud, Sigmund. 1960a. *Briefe 1873-1939.* Frankfurt am Main: S. Fischer.

Freud, Sigmund. 1962-75a. *Protokolle der Wiener Psychoanalytischen Vereinigung.* Bd. 1-4., Hrsg. von Herman Nunberg und Ernst Federn. Frankfurt am Main: S. Fischer Verlag.

Freud, Sigmund. 1963a. *Sigmund Freud, Oskar Pfister Briefe 1909-1939.* Frankfurt am Main: S. Fischer.

Freud, Sigmund. 1966a. *Sigmund Freud / Lou Andreas-Salomé. Briefwechsel. Hrsg. von Ernst Pfeiffer.* Frankfurt a. Main: S. Fischer.

Freud, Sigmund. 1968a. *Sigmund Freud / Arnold Zweig. Briefwechsel.* Hrsg. von Ernst L. Freud. Frankfurt am Main: S. Fischer.

Freud, Sigmund. 1973b. Brief an Chaim Koffler (26.2.1930). *In: Nitzschke, Bernd: Versöhnung – diesseits von Gut und Böse. Sigmund Freuds transkulturelles Erbe, Freie Assoziation, 6(2003), S. 7–21.*

Freud, Sigmund. 1974a. *Briefe an Carl Gustav Jung., hrsg. von William McGuire und Wolfgang Sauerländer.* Frankfurt am Main: S. Fischer.

Freud, Sigmund. 1985c. *Briefe an Wilhelm Fließ 1887-1904. Hrsg. von Jeffrey Masson, Bearbeitung der deutschen Fassung von Michael Schröter.* Frankfurt am Main: S. Fischer.

Freud, Sigmund. 1988g. *Thomas Mann, Briefwechsel mit Autoren.* Hrsg. von Hans Wysling. Frankfurt am Main: S. Fischer.

Freud, Sigmund. 1989a. *Sigmund Freud, Jugendbriefe an Eduard Silberstein, 1871-1881.* Frankfurt: S. Fischer.

Freud, Sigmund. 1992a. *Sigmund Freud / Ludwig Binswanger. Briefwechsel 1908-1938. Hrsg. von Gerhard Fichtner.* Frankfurt am Main: S. Fischer.

Freud, Sigmund. 1992g. *Sigmund Freud - Sándor Ferenczi. Briefwechsel, 1908-1933.* 4 Bände, Hrsg. von Eva Brabant, Ernst Falzeder, Patrizia Giampieri-Deutsch, unter wiss. Leitung von André Haynal. Transkription von I. Meyer-Palmedo. Wien / Köln / Weimar: Böhlau.

Freud, Sigmund. 1996. *Tagebuch 1929-1939. Kürzeste Chronik.* Hg. und eingeleitet von Michael Molnar. Übersetzt von Christfried Tögel. Frankfurt am Main: Stroemfeld.

Freud, Sigmund. 2002. *Unser Herz zeigt nach dem Süden: Reisebriefe 1895-1923.* Herausgegeben von Christfried Tögel unter Mitarbeit von Michael Molnar. Berlin: Aufbau-Verlag.

Freud, Sigmund. 2004h. *Sigmund Freud / Max Eitingon. Briefwechsel 1906-1939.* Hg. von Michael Schröter. Tübingen: edition diskord.

Freud, Sigmund. 2009h. *Sigmund Freud / Karl Abraham. Briefe 1907–1925.* Hrsg. von Ernst Falzeder und Ludger M. Hermanns. Wien: Turia & Kant.

Freud, Sigmund. 2010e. *Unterdeß halten wir zusammen. Briefe an die Kinder.* Hg. von Michael Schröter. Berlin: Aufbau-Verlag.

Freud, Sigmund. 2016. *Die Kalendereinträge von 1916–1918.* Hg. von Michael Giefer & Christfried Tögel. Frankfurt am Main und Basel: Stroemfeld.

Freud, Sigmund. 2018. *Briefe an Jeanne Lampl-de Groot 1921–1939.* Gießen. Hg. und aus dem Niederländischen von Gertie F. Bögels: Psychosozial-Verlag.

Freud, Sigmund. 2022. *Correspondance intégrale de Marie Bonaparte et Sigmund Freud (1925-1939).* éd. Rémy Amouroux. Paris: Flammarion.

Freud, Sigmund & Bernays, Martha. 2011. *Die Brautbriefe. 1882-1886.* Band 1. Sei mein wie ich mir's denke. Juni 1882 - Juli 1886. Hg. von Gerhard Fichtner, Ilse Grubrich-Simitis und Albrecht Hirschmüller. Frankfurt am Main: S. Fischer.

Freud, Sigmund & Bernays, Martha. 2013. *Die Brautbriefe. 1882-1886.* Band 2. Unser »Roman in Fortsetzungen". Juli 1883 – Dezember 1883. Hg. von Gerhard Fichtner, Ilse Grubrich-Simitis und Albrecht Hirschmüller. Frankfurt am Main: S. Fischer.

Freud, Sigmund & Bernays, Martha. 2015. *Die Brautbriefe. 1882-1886.* Band 3. Warten in Ruhe und Ergebung, warten in Kampf und Erregung. Januar 1884 – September 1884. Hg. von Gerhard Fichtner, Ilse Grubrich-Simitis und Albrecht Hirschmüller. Frankfurt am Main: S. Fischer.

Gay, Peter. 1988. *Ein gottloser Jude. Sigmund Freuds Atheismus und die Entwicklung der Psychoanalyse.* Frankfurt am Main: S. Fischer.

Gicklhorn, Josef & Gicklhorn, Renée. 1960. *Sigmund Freuds akademische Laufbahn im Lichte der Dokumente.* Wien & Innsbruck: Urban & Schwarzenberg.

Giefer, Michael & Tögel, Christfried (Hg.). 2016. *Sigmund Freud: Die Kalendereinträge von 1916–1918*. Frankfurt am Main und Basel: Stroemfeld.

Grunwald, Max. 1941. Encounters with Sigmund Freud. In I. Cohen (Ed.), *Book of Buczacz. In Memory of a Martyred Community*. Tel Aviv: Am Oved, S. 119-120.

Heine, Susanne. 2006. Erkennen und Scham. Sigmund Freuds biblisches Menschenbild. *Wiener Jahrbuch für Theologie*, 6: 233-249.

Hellige, Hans-Dieter. 1979. Generationenkonflikt, Selbsthaß und die Entstehung antikapitalistischer Positionen im Judentum. Der Einfluß des Antisemitismus auf das Sozialverhalten jüdischer Kaufmanns- und Unternehmersöhne im Deutschen Kaiserreich und in der K.u.K.-Monarchie. *Geschichte und Gesellschaft*, 5: 476-518.

Hirschmüller, Albrecht. 2005. Zur Familie Bernays. In A. Hirschmüller (Ed.), *Sigmund Freud - Minna Bernays. Briefwechsel 1882-1938*. Tübingen: edition diskord, S. 325-343.

Jones, Ernest. 1960-1962. *Das Leben und Werk von Sigmund Freud*. 3 Bände. Bern und Stuttgart: Hans Huber.

Kazanjian, Varaztad. 1958. Interview with Dr. V. Kasanjian, October 26, 1958 in Boston, Mass. Sigmund Freud Papers. Washington, Library of Congress.

Laforgue, René. 1973. Personal Memories of Freud. In H. Ruitenbeek (Ed.), *Freud as we knew him*. Detroit: Wayne State University Press, S. 341-349.

Lessing, Theodor. 1930. *Der jüdische Selbsthaß*. Berlin: Zionistischer Bücherbund.

McGrath, William. 1974. *Dionysian Art and Populist Politics in Austria*. New Haven / London: Yale University Press.

McGrath, William. 1986. *Freud's Discovery of Psychoanalysis. The Politics of Hysteria*. Ithaca / London: Cornell University.

Meyer-Palmedo, Ingeborg & Fichtner, Gerhard. 1989. *Freud-Bibliographie mit Werkkonkordanz.* Frankfurt am Main: S. Fischer.

Mill, John Stuart. 1880. *Gesammelte Werke.* Bd. 12. Hg. von Theodor Gomperz, übersetzt von Sigmund Freud. Leipzig: Fues's Verlag (R. Reisland).

Miller, Hugh Crichton 1924. *The New Psychology and the Preacher.* New York: Thomas Seltzer.

Mühlleitner, Elke. 1992. *Biographisches Lexikon der Psychoanalyse.* Tübingen: edition diskord.

Nitzschke, Bernd oJ. *Versöhnung – diesseits von Gut und Böse. Sigmund Freuds transkulturelles Erbe* [Manuskript].

Nobus, Dany 2023. *Yom Kippur 1939: Freud, Schur and the Rupture of the Lethal Pact, in: Freud in the Margins: Rethinking the History of Psychoanalysis.* New York: Columbia University Press.

Paneth, Josef. 2007. *Vita Nuova. Ein Gelehrtenleben zwischen Nietsche und Freud.* Hrsg. v. Wilhelm W. Hemecker. Graz: Leykam Buchverlag.

Pape, Christian. 2009. Wilhelm Schmidt. In W. Bernz (Ed.), *Handbuch des Antisemitismus. Judenfeindschaft in Geschichte und Gegenwart Personen.* Bd. 2, S. 738–739. Berlin De Gruyter Saur.

Randt, Ursula. 1991. Jüdische Schulen am Grindel. In U. Wamser & W. Weinke (Eds.), *Ehemals in Hamburg zu Hause. Jüdisches Leben am Grindel.* Hamburg: VSA-Verlag, S. 36-55.

Reik, Theodor. 1912. *Flaubert und seine »Versuchung des heiligen Antonius": ein Beitrag zur Künstlerpsychologie.* Minden: J. C. C. Bruns.

Reik, Theodor. 1915/1916. Die Pubertätsriten der Wilden. Über einige Übereinstimmungen im Seelenleben der Wilden und der Neurotiker. *Imago*, 4: 125-144, 189-222.

Rohrbacher, Peter. 2020. Pater Wilhelm Schmidt und Sigmund Freud: Gesellschaftliche Kontexte einer religionsethnologischen Kontroverse in der Zwischenkriegszeit. *cultura & psyché*, 1: 53-68.

Romm, Sharon. 1983. *The Unwelcome Intruder. Freud's Struggle with Cancer*. New York: Praeger.

Schneer, Jonathan 2010. *The Balfour Declaration. The origins of the Arab-Israeli conflict*. London: Bloomsbury.

Schnitzler, Arthur. 1981. *Jugend in Wien*. Frankfurt am Main: Fischer Taschenbuch Verlag.

Schur, Max. 1973. *Sigmund Freud. Leben und Sterben*. Frankfurt am Main: Suhrkamp.

Singer, Isidore & Sohn, Joseph. 1902. Michael Bernays. In I. Singer (Ed.), *The Jewish Encyclopedia*. New York & London: Funk and Wagnall, Vol. 3. S. 92f.

Tögel, Christfried. 2006. *Freud und Berlin*. Berlin: Aufbau-Taschenbuch-Verlag.

Tögel, Christfried. 2017. Rachel Berdach und Sigmund Freud: Zum Schicksal eines »Vorworts«. *Kleine Texte zur Freud-Biographik*, 2017-01. http://www.freud-biographik.de/2017-01 - Rachel Berdach und Sigmund Freud. Zum Schicksal eines Vorworts.pdf

Valentin, Hugo. 1924. *Judarnas Historia i Sverige*. Stockholm: Bonnier.

Venturelli, Aldo. 1984. Nietzsche in der Berggasse 19. Über die erste Nietzsche-Rezeption in Wien. *Nietzsche-Studien*, 13: 448-480.

Wolff, Walter & Wolff, Moshe. 2014. *Das eigene Leben erzählen. Geschichte und Biografie von Hamburger Juden aus zwei Generationen*. Hg. von Linde Apel. Göttingen: Wallstein.

Bildnachweis

Abb. 1: Ausschnitt aus Freuds Brief an Reik (SFP)

Abb. 2: Kirche Mariä Geburt in Freiberg (Foto Tögel)

Abb. 3: Freud und sein Vater (FML)

Abb. 4: Titelseite von Band 3 von Brehms *Thierleben* (Scan Tögel)

Abb. 5: Börnes Werke in 12 Bänden (Foto Tögel)

Abb. 6: Grab Ludwig Börnes in Paris (Wiki Commons)

Abb. 7: Ludwig Börne (Wiki Commons)

Abb. 8: Schönlaterngasse (zeitgenössische Ansichtskarte)

Abb. 9: Darwin, ca. 1874 (Wiki Commons)

Abb. 10: Band 5 von Darwins *Gesammelten Werken* (Scan Tögel)

Abb. 11: Franz Brentano, ca. 1875 (Wiki Commons)

Abb. 12: Eduard Silberstein ca. 1875 (Freud 1989a, S. Abb. 3)

Abb. 13: Freud mit Martha Bernays, 1882 (LoC)

Abb. 14: John Stuart Mill, ca. 1870 (Wiki Commons)

Abb. 15: Nathan Weiß, ca. 1880 (Wiki Commons)

Abb. 16: Jakob Freud mit Enkeln Pauline und Morris, 1883 (FML)

Abb. 17: Josef Paneth, ca. 1880 Josef Paneth (Wiki Commons)

Abb. 18: Das Hochzeitsmenü (FML)

Abb. 19: Geburtseintrag von Martin Freud (IKG)

Abb. 20: Geburtseintrag von Oliver Freud (IKG)

Abb. 21: Geburtseintrag von Ernst Freud(IKG)

Abb. 22: Das Cover von *Totem und Tabu* (Foto Tögel)

Abb. 23: Theodor Reik ca. 1925 (Wiki Commons)

Abb. 24: Das Cover von *Die Zukunft einer Illusion* (Foto Tögel)

Abb. 25: Yehuda Dvir-Dvosis (Encyclopedia of the Founders and Builders of Israel; www.tidhar.tourolib.org/tidhar/view/8/3055)

Abb. 26: Der Moses des Michelangelo (Wiki Commons)

Abb. 27: Jakob Freud, ca. 1890 (FML)
Abb. 28: Sophie Freud, ca. 1913 (FML)
Abb. 29: Freud mit seinen Enkeln Ernst und Heinele (links), ca. 1913 (FML)
Abb. 30: Freuds letzte Prothese (FML)
Abb. 31: Rachel Berdach (http://www.centropa.org/photo/rachel-berdach)
Abb. 32: Wilhelm Schmidt, ca. 1918 (Wiki Commons)
Abb. 33: Freuds Grußadresse (Scan Tögel)
Abb. 34: Notizen Freuds zu Hammurabi (SFP)
Abb. 35: Freud 1926, Radierung von Ferdinand Schmutzer (FML)

Abkürzungen

FML	Freud Museum London
LoC	Library of Congress
SFG	Sigmund-Freud-Gesamtausgabe
SFP	Sigmund Freud Papers in der Manuscript Division der Library of Congress

Index der Personen

Abraham, Karl 30, 110, 122
Adler, Victor 29
Amenophis IV (Echnaton) 99
Andreas-Salomé, Lou 120, 121

Balfour, Arthur 122, 123
Balzac, Honoré de 114,
Berdach, Rachel 110, 111, 112, 113, 145
Bernays, Berman 43, 44
Bernays, Emmeline 44, 45, 47, 54, 59, 131, 141
Bernays, Isaac 42
Bernays, Jacob 43
Bernays, Michael 43
Bernays, Minna 42, 45
Binswanger, Ludwig 73,
Bonaparte, Marie 88, 125
Börne, Ludwig 21, 22, 23, 24, 25, 140
Brehm, Alfred 19, 20
Brentano, Franz 35, 36, 37, 38, 46, 140
Bresler, Johannes 65
Breuer, Josef 57
Brühl, Carl 31, 32, 140

Cervantes, Miguel de 41
Charbonnier, Stéphane 136, 137
Charcot, Jean-Martin 30
Claus, Carl 33
Cohen, Israel 130

Darwin, Charles 31, 32, 33, 34, 35, 140
Delitzsch, Friedrich 131
Deutsch, Felix 107
Douais, Adolf 38
Dvir-Dvosis, Yehuda 89

Ehrmann, Salomon 132
Euripides 74, 78,

Ferenczi, Sándor 70, 74, 106, 143
Feuerbach, Ludwig 36, 140
Fließ, Wilhelm 104, 116, 129
Freud, Alexander 96, 153
Freud, Amalia 15, 19, 123
Freud, Anna 50
Freud, Emanuel 15
Freud, Ernst 62, 142
Freud, Jakob 15, 53, 103,
Freud, Julius 103
Freud, Martha, geb. Bernays 42, 43, 44, 45, 51, 55, 59, 61, 62, 141, 142
Freud, Martin 61, 62, 142
Freud, Mathilde 74
Freud, Oliver 62, 74, 142
Freud, Philipp 15
Freud, Sophie, verh. Halberstadt 104, 105, 106, 143
Friedrich II. (Staufer) 113

Gay, Peter 11, 12
Gellert, Christian Fürchtegott 41
Goethe, Johann Wolfgang von 32, 33
Gomperz, Theodor 46
Grün, Oscar 126, 127
Grunwald, Max 130, 131, 132

Häberlin, Paul 73
Haim, Ella 74
Hajek, Marcus 107
Halberstadt, Heinz 106, 107
Hamilkar Barkas 17
Hammerschlag, Samuel 54
Hammurabi 131, 132
Hannibal 17, 18, 24
Heine, Heinrich 12, 94
Herodes 129, 140
Herzl, Theodor 29

Ichthyosaura 21

Jokaste 77
Jung, Carl Gustav 68, 70,

Kainz, Josef 55
Karl I. 120
Kerr, Alfred 79
Kleist, Heinrich von 55
Koffler, Chaim 126, 127, 137

Laforgue, René 121
Lazarus 110, 113, 145
Lewisohn, Julius 55
Lewisohn, Sally 55

Maimonides, Moses 125
Mann, Thomas 72
Michelangelo Buonarotti 93, 95,
Mill, John Stuart 36, 46, 47, 48, 65, 141
Mohammed 138, 139
Mommsen, Theodor 43
Moses 11, 93, 95, 96, 97, 98, 99, 100, 101, 125, 132, 145
Müller, David 133
Mussolini, Benito 119

Nathansohn, Jakob 103
Nothnagel, Hermann 30

Ödipus 76, 77, 142

Paneth, Josef 28, 37, 38, 56, 58, 59, 141
Pfister, Oskar 13, 14, 34, 82
Philipp, Fabian 44
Philipp, Fabian, Aron 44
Pokorny, Alois 19, 20, 21

Reik, Theodor 11, 12, 79, 80, 81, 111, 143
Reinach, Salomon 118
Riedel, Armin 9
Rothschild, Walter 122
Ruben, Elias 44
Ruben, Minna 44

Schmidt, Wilhelm 116, 118, 119, 120
Schmutzer, Ferdinand 135
Schnitzler, Arthur 28, 107, 125
Schönerer, Georg von 29
Schur, Max 109, 114, 145
Schwab, Sophie 56, 141
Silberstein, Eduard 25, 27

Smith, Robertson 81
Sophokles 74, 77, 78, 142
Steiner, Maxim 107
Strauß, David Friedrich 36
Strauss, Helene 51
Stross, Josefine 114
Sudermann, Hermann 130

Thiers, Adolphe 115

Ungar, Fritz 111

Weiss, Edoardo 119
Weiss, Isaak 51
Weiss, Nathan 51, 140
Weizmann, Chaim 123
Wittels, Fritz 67

Zweig, Arnold 98, 127, 144